Lockruf des Lebens

Beate und Olaf Hofmann

Lockruf des Lebens

Unser Familiensabbatical in Kanada

Patmos Verlag

VERLAGSGRUPPE PATMOS
PATMOS
ESCHBACH
GRÜNEWALD
THORBECKE
SCHWABEN

Die Verlagsgruppe
mit Sinn für das Leben

Für die Schwabenverlag AG ist Nachhaltigkeit ein wichtiger Maßstab ihres Handelns. Wir achten daher auf den Einsatz umweltschonender Ressourcen und Materialien. Dieses Buch wurde auf FSC®-zertifiziertem Papier gedruckt. FSC (Forest Stewardship Council®) ist eine nicht staatliche, gemeinnützige Organisation, die sich für eine ökologische und sozial verantwortliche Nutzung der Wälder unserer Erde einsetzt.

Alle Rechte vorbehalten
© 2013 Patmos Verlag der Schwabenverlag AG, Ostfildern
www.patmos.de

Umschlaggestaltung: Finken & Bumiller, Stuttgart
Fotos: © petergrosslaub.com und privat
Druck: GGP Media Gmbh, Pößneck
Hergestellt in Deutschland
ISBN 978-3-8436-0328-7 (Print)
ISBN 978-3-8436-0329-4 (eBook)

»Stay out of box!«
Janine, Florian, Nora – ihr seid einzigartig.

Danke für eure Ermutigung.
Ohne euch hätten wir das Sabbatical nicht gewagt.

Inhalt

Der Lockruf des Lebens 9

Loslassen 15
    Ausgeträumt und losgelebt 15
    Einstieg in den Ausstieg 22
    Zeitenwechsel 27
    Auf dem Goldrush Trail 40
    Mehr vom Weniger 60

Vertrauen 71
    Hoffnung trägt 71
    Ankommen 76
    Auswählen statt auswandern 87
    Mit anderen Augen sehen 95
    Novemberblues 100
    Lichtblicke 114

Zuversicht 127
    Perspektivenwechsel 127
    Abgestempelt 138
    Seelenfutter und Well(s)ness 147
    White Gold – Abenteuer im Schnee 155
    Feiern, Fasten und Fülle 158

Gewinn 163
    So glückt Leben 163

Gold des Lebens	166
Aufwind statt Aufwand	170
Nuggets sammeln	180
Gipfelsturm	188
Lockruf des Lebens	198
Thanks	204

Der Lockruf des Lebens

Würden Sie genauso weiterleben, wenn Sie wüssten, dass Sie demnächst sterben müssen? Wenn Sie diese Frage bejahen können, gratulieren wir Ihnen von Herzen. Sie sind bereits angekommen. Sie haben Ihre Aufgabe, Glück und einen tiefen Sinn in Ihrem Leben bereits gefunden. Wenn diese Frage Sie aufschreckt, Sie nachdenklich werden, wenn Sie mit ungelebten Träumen in Kontakt kommen und spüren, dass Sie in Ihrem Leben eigentlich etwas ändern müssten, ist es an der Zeit, das ›eigentlich‹ zu streichen und noch heute ins Handeln zu kommen.

Wir haben genau dies erlebt – und sind für 365 Tage ausgestiegen in die Stille und Weite der kanadischen Wildnis, um neu einzusteigen ins Leben. In Abenteuern, Höhen und Tiefen ist unsere Familie zusammengewachsen. Wir sind uns als Partner neu begegnet, haben innere Stärke und unsere persönliche Zukunftsvision gefunden. Die Auszeit unterm Cowboyhut ist zum Gold des Lebens für uns geworden. Wir haben Werte entdeckt, die durch Krisen hindurch Bestand haben. Davon wollen wir in diesem Buch erzählen.

Es wäre schön, wenn unsere Geschichte Sie ermutigen würde, jeden Tag so zu leben, dass sie keinen Tag bereuen müssen. Ändern Sie das, was Sie ärgert. Trauen Sie sich, Ihren eigenen Weg zu gehen. Lassen Sie die Sonne nicht über Ihrem Zorn untergehen. Verbringen Sie Ihre kostbare Zeit mit den Menschen, die Sie wirklich lieben.

Manchmal vergisst man im Hamsterrad des Alltags, wer man ist, welche Begabungen man hat, wofür man geschaffen ist und was man will. Um diesen existenziellen Fragen auf die Spur zu kommen, brauchen Sie Abstand vom Alltag, Freiraum zum Denken, eine Umgebung, in der Ihre Seele baumeln kann.

Denn die Kraft, Ihr Leben zu gestalten liegt in Ihnen. Um diese zu entfalten, brauchen Sie Impulse und Zeit. Unsere Geschichte ermöglicht Ihnen verschiedenste Impulse. Für Ihre individuelle, höchst persönliche Auszeit sind Sie selbst verantwortlich. Egal wo Sie diese Zeit verbringen und welcher Zeitraum für Sie der richtige ist. Wagen Sie einen Rhythmuswechsel zwischen Tun und Lassen. Verschieben Sie Leben nicht auf morgen. Haben Sie den Mut zur Pause.
Mit der Entscheidung für ein Sabbatical setzten wir auf Zuversicht und Reichtum der anderen Art. Zuerst aber hieß es Loslassen. Das war leicht gesagt, aber wie würden wir es umsetzen? Unsere Stärke ist das Miteinander als Familie, dennoch musste jede und jeder von uns ganz persönlich damit umgehen. Während wir Eltern mit Nora, der jüngsten Tochter, und dem Hund für ein Jahr nach Kanada gingen, blieben die beiden älteren Kinder in Deutschland. Ihre Ausbildung hatte Vorrang. In dieser Lebensphase gibt es andere Prioritäten. Die Trennung und räumliche Distanz fiel uns zwar nicht leicht, aber wir hatten schon früher gute Erfahrung mit Auslandsaufenthalten gemacht. Janine war kurz vor unserer Auszeit ein Jahr als Aupair in Schweden. Florian hat wie seine Schwester ein Jahr in England die Schule besucht. Wir alle wussten, dass man nicht aus der Welt ist und unglaublich viel lernt da draußen. Uns war klar: Wir werden die Trennung gut schaffen. Immerhin leben wir im Zeitalter von Internet und die Vereinbarung, uns zu Weihnachten alle in Kanada zu treffen, half über Zweifel hinweg. Am Neujahrsmorgen 2010, zu Beginn eines Jahres voller Aufbruch und Herausforderungen, hat jeder von uns eine ganz eigene Bestandsaufnahme gemacht:

Olaf (46)

Mich lockt die Aussicht auf Erfahrungen abseits bekannter Pfade. Ich kann es kaum erwarten, die Weite und Wildnis zu erleben, von der ich schon als Kind geträumt habe. Ich wünsche mir, das Westernreiten und die Lebensart der Cowboys im Alltag kennen zu lernen.

Loslassen muss ich dafür eine Arbeit, die mich ausfüllt und die ein Teil meines Lebens ist. Mir fällt es schwer, die Sicherheiten aufzugeben, die mit einer festen Anstellung verbunden sind, und innerlich anzunehmen, dass ein Sabbatjahr von meinem kirchlichen Arbeitgeber nicht mitgetragen wird.

Beate (45)

Verlockend, dass dieses Jahr in einen Zeitreichtum voll unverplanter Tage mündet. Ich freue mich auf den Moment, wo der prall gefüllte Kalender bedeutungslos wird und ich unbegrenzten Freiraum für mich, für mein Kind, für unsere Partnerschaft und das innere Wachsen habe. Ich kann noch nicht glauben, dass wir wirklich ein Jahr lang in der grandiosen Natur von Kanada leben werden.

Das Loslassen ist eine Herausforderung. Mir fällt es schwer, die älteren Kinder ohne ein Zuhause zu wissen und unser schönes Reihenhaus zu räumen. Leider ist die Dienstwohnung an die Stelle von Olaf gekoppelt. Wir werden Sachen verkaufen müssen, die ich unter anderen Umständen behalten hätte. Viel lieber würde ich ein berufliches Sabbatical machen und nach einem Jahr wieder in das Arbeitsfeld einsteigen, das mir Freude macht und Bestätigung gibt. Ich hoffe, dass sich das vielfältige Loslassen lohnt und dass es stimmt, dass geöffnete Hände auch gefüllt werden. Wir werden es erfahren.

Nora (10)

»Ich habe tausend Träume. Ich träume sie alle. Doch wenn ich am nächsten Morgen aufwache, ist es nur ein Traum gewesen. Eines Tages sage ich zu mir: Steh auf und mache deine Träume wahr.« Diesen Text habe ich schon vorletztes Jahr aufgeschrieben. Endlich ist es soweit. Ich bin so gespannt und voller Vorfreude. Ich habe mir einen Abreißkalender gebastelt und zähle die Tage, bis wir in die Wildnis aufbrechen. Ich träume davon, viele Tiere in der Natur zu sehen und Indianerkinder als Freunde zu haben.

Loslassen muss ich die Welt, in der ich lebe: meine Freunde, meine Geschwister, mein Zuhause, meine Schule. Sorgen mache ich mir, weil ich noch kein Englisch spreche. Wie soll das mit der Schule dort werden? Aber meine Freude ist stärker.

Janine (20)

Ich freue mich mit meinen Eltern. So lange haben sie von ihrem Kanada-Jahr geträumt. Toll, dass sie den Mut haben, diesen Traum umzusetzen. Ich hatte gerade erst ein Auslandsjahr in Schweden und weiß, wie man von einem neuen Umfeld angeregt wird. Für mich hoffe ich, dass mein Antrag auf ein Stipendium genehmigt wird und ich dann im Evangelischen Stift in Tübingen ein Zuhause finde. Das wäre ein Traum!

Loslassen musste ich mein Zuhause schon vor dem Auslandsjahr. Also bin ich in Übung und freue mich, wenn ich meine Familie zu Weihnachten in einem Jahr in Kanada besuchen kann. Außerdem bleibt ja mein Bruder in Deutschland und wir verstehen uns ziemlich gut.

Florian (18)

Mein Traum ist zuerst ein gutes Abi und dann will ich ein freiwilliges ökologisches Jahr machen. Um den Platz muss ich mich noch kümmern. Ich breche in ein eigenes Leben auf. Dass meine Eltern den Schwung haben, ihre Träume umzusetzen, finde ich super. Da sind sie mir ein Vorbild. Kanada würde mich auch reizen. Ich versuche, meinen Zivildienst in einem Naturschutzzentrum im Schwarzwald zu machen, in Klein-Kanada. Das wäre originell.

Das Auflösen der Wohnung kommt ja erst im Sommer und ich brauche sowieso nicht viel. Wichtiger ist mir, dass wir uns innerlich nahe sind.

Aruna, unser Familienhund

Auf vier Pfoten begleite ich diese Familie schon zwei Jahre lang. Ehrlich gesagt bin ich eher für die freie Natur als für ruhige Parkspaziergänge zu begeistern. Als Hundehütte habe ich eine Flugbox. Meine Familie meint, das kann nie schaden. Neulich sind wir mit dem Aufzug auf den Stuttgarter Fernsehturm gefahren, das sei gut gegen Flugangst. Wenn die so weitermachen, geht es als Nächstes in den Zoo, um Bären zu treffen. Na, solange ich gutes Futter bekomme, mache ich alles mit.

Loslassen

»Die Dinge, auf die es im Leben wirklich ankommt,
kann man nicht kaufen.«
WILLIAM FAULKNER

Ausgeträumt und losgelebt

Auch wenn es kitschig klingt, aber uns trägt ein Traum. Für ein Jahr wollen wir aussteigen aus dem engen Netz der Verbindlichkeiten, Verpflichtungen und Erwartungen. Die Lebenskunst neu entdecken, die Freiheit unverplanter Zeit erleben, uns als Paar und Familie anders wahrnehmen. Es ist ein Traum, den wir mit vielen Menschen teilen. Lieber ein »time out«, als ein »burn out«, das ist unsere Überzeugung nach zwanzig engagierten Berufsjahren. Aus Liebe zum Leben haben wir den zeitweisen Ausstieg in der Mitte unseres beruflichen Lebens gewagt und wollen gemeinsam einsteigen ins Leben der anderen Art.

Das Träumen von unmöglichen Dingen scheint zu unserer Lebensgeschichte zu gehören. Als wir uns mit fünfzehn in der Jugendgruppe einer jungen Gemeinde im Osten Deutschlands kennenlernten, träumten wir davon, die Welt zu verbessern. Schwerter zu Pflugscharen hieß das Motto, das wir uns als Aufnäher an Rucksäcke und Parkas nähten. Es war eine äußerlich sichtbare Form des Widerstandes junger Menschen gegen die Fremdbestimmung durch die Funktionäre in der DDR und dieser sichtbare Mut machte uns stolz. Der Druck von außen förderte den Zusammenhalt im Inneren. Wir mussten uns darüber klar werden, wofür wir einstehen und welches Risiko wir dafür eingehen wollten. Diese Erfahrung, verbunden mit einem persönlichen Glauben an die Kraft Gottes, die dem Menschen zugänglich ist, der sich dafür öffnet, gab uns Energie und Zuversicht. Wir träumten den Traum zu studieren, eine Familie zu gründen, die Welt zu gestalten und unseren guten Teil dazu beizutragen. Der Traum endete an einem Tag im Mai 1982, als Beates Familie die Bewilligung zur Ausreise in den Westen Deutschlands bekam. Niemand hätte damals für möglich gehalten, dass wir uns jemals wiedersehen. Die Mauer ging mitten durch unsere Beziehung. Olaf durfte nicht nach Westdeutschland, Beate bekam kein Besuchsvisum in den Osten. Doch der Traum von einer gemeinsamen Zukunft gab uns Fantasie und öffnete neue Wege. Wir schrieben unzählige Briefe, sparten Geld und machten uns auf weite Reisen. Fünf kurze Treffen in der damaligen Tschechoslowakei und in Ungarn waren die Highlights in den zwei Jahren der Trennung.

Entgegen aller Bedenken ging die Beziehung nicht in die Brüche. Wir verlobten uns in dieser Zeit und machten deutlich, dass wir dem Unmöglichen eine Möglichkeit einräumen wollten. Der Glaube an Gott, die kraftvollen Geschichten der Bibel mit ihren Wundern und eigenwilligen Wegen waren für uns eine starke Kraftquelle. Wir haben daraus den nötigen Mut gewonnen, gegen staatliche Willkür um unsere Partnerschaft zu kämpfen. Es war ein unglaubliches Glück, als unsere deutsch-deutsche Liebesgeschichte trotz Stasi-Störungen, Bürokratendschungel und Hoffnungslosigkeit 1984 mit einem Happyend gekrönt wurde. Olaf erhielt die Erlaubnis zu einer internationalen Eheschließung, die verbunden war mit der Ausreise in die Bundesrepublik. Der Traum vom gemeinsamen Leben wurde wahr. Ein Rucksack mit Kleidern und eine Gitarre war alles, was Olaf zum Beginn unseres gemeinsamen Lebens mitbrachte. Unbeschreiblich dieses Gefühl, sich in die Arme zu fallen und zu wissen, da ist jetzt ein Wunder geschehen und ein Traum lebendig geworden. Zwei Wochen später waren wir verheiratet, sehr unspektakulär ohne große Feier und viele

Gäste. Geld für eine Hochzeitsreise hatten wir nicht, dafür die Aussicht, dass unser ganzes Leben eine Reise werden würde.

Viele weitere Lebensträume sind seit dem wahr geworden. Erfüllte berufliche Jahre, in denen wir uns innerhalb der evangelischen Kirche für Familien, Kinder und Jugendliche engagiert haben. Erfolgreiche Jahre mit ausgebuchten Veranstaltungen, prägenden Seminaren, veröffentlichten Fachbüchern, umgesetzten Visionen.

Der stärkste Glücksfaktor ist unser gelungenes Familien-Team. Eine erfrischende Partnerschaft und drei fantastische Kinder machen dieses Team aus. Janine, Florian und Nora sind starke Persönlichkeiten, echte Freunde und eine Inspiration für uns. Wir haben uns immer als gegenseitige Wegbegleiter verstanden, offen unsere Ideen und Hoffnungen aber auch Schwächen und Verluste miteinander geteilt.

Die Kinder waren es auch, die uns Mut machten, den bisher unverwirklichten Traum nicht auf irgendwann zu verschieben, dem Lockruf der Wildnis zu folgen und endlich aufzubrechen zu einem Auszeitjahr in die Weite Kanadas.

Irgendwann bist du zu alt, um wie ein Cowboy am Feuer zu sitzen, sind die Knochen zu steif, um reiten zu lernen. Irgendwann sind alle Bücher geschrieben und dir ist die Lust am Schreiben abhanden gekommen. Irgendwann hast du weder Kraft noch Mut, das gesundheitliche Risiko eines längeren Auslandsaufenthaltes einzugehen. Irgendwann meldet der innere Kassenwart Bedenken an oder steigen die Kinder aus dem Nest der Familie endgültig aus.

Wir sind Kanada-Fans. Um es genau zu sagen, uns zieht es in die Weite, den wilden Westen. Jeder von uns liebt diese gigantische Natur auf eine eigene Art. Beate eher mit einem Cappuccino in der Hand und dem Blockhaus im Rücken. Olaf auf dem Rücken eines Pferdes und in großer Einsamkeit. Nora kann sich zeitlos im Spiel in der Natur verlieren und auch Janine und Florian lieben das Outdoor- und Abenteuerleben. Zahlreiche Schwedentouren mit dem Kanu oder Planwagen, Hüttenwanderungen und Blockhausaufenthalte haben sie mit uns erlebt. Gemeinsam ging es schließlich zu einer Entdeckungsreise nach Westkanada und es rollten Tränen beim Abschied. Diese Gegend zog uns förmlich an. Hier wollten wir so gerne einmal für längere Zeit leben. Eintauchen in die Welt der Siedler, Pioniere und Cowboys, von denen es nicht mehr viele gibt. Abtauchen in die Einsamkeit und Weite der Natur, die weltweit immer mehr erschlossen und damit umso kostbarer wird.

Doch wann ist der richtige Zeitpunkt, einen Traum umzusetzen? Die klare Antwort lautet: nie! Es gibt diesen passenden Zeitpunkt nicht. Es sei denn, du machst ihn möglich. Jemand verglich es einmal treffend mit der Familienplanung. Kinder zu haben, gemeinsam mit ihnen die Welt zu entdecken ist schön, aber wenn du dir dann vorstellst, die berufliche Karriere zu unterbrechen, Windeln zu kaufen, den ungestörten Schlaf aufzugeben und mit Kinderwagen statt Mountainbike unterwegs zu sein, dann wird die Planung wackelig. Möglicherweise bleibt es beim Wunschgedanken und du traust dich nicht, ihn in die Wirklichkeit zu holen, weil das Risiko plötzlich zu groß erscheint.

Ein Jahr Auszeit mit Familie zu planen ist ähnlich. Es hört sich super an. Du träumst von Freiheit und davon, am Wildwasser Bücher zu schreiben, die Mustangs über das Grasland galoppieren zu hören, dein Kind am Feuer vor dem Tipi spielen zu sehen, interessante Menschen kennenzulernen und sagst: »Yes, we can!«

Dann wachst du auf aus den Tagträumen und überlegst, wie man diesen Traum in die Wirklichkeit holen kann. Spätestens hier werden die Knie zum ersten Mal weich. Die Gefahr, nun mit spitzem Bleistift einen Strich unter diesen Traum zu machen, ist groß. Das erklärt, warum viele Menschen von einem Ausstieg träumen und sprechen, aber nur ein Bruchteil davon den Traum auch verwirklicht. Zwar wird die Zahl der »Ich bin dann mal weg«-Reisenden immer größer und die Namen der Auszeiter immer bekannter, aber die meisten Familien sind davon weit entfernt.

Ein Sabbatical ist eine Freiheit, die man sich teuer erkaufen und hartnäckig erarbeiten muss. Leider bieten nur wenige Arbeitgeber Programme an, um Auszeiten in die berufliche Laufbahn zu integrieren. Ein kleiner Teil innovativer Unternehmen hat erkannt, dass ein gezieltes Sabbatical die Arbeitskraft ihrer Führungskräfte erhält, gesuchte Spezialisten ans Unternehmen bindet oder zumindest zu einer erhöhten Loyalität führt. Sie nutzen dieses Wissen für einen Standortvorteil, von dem andere Arbeitgeber Lichtjahre entfernt sind, obwohl in ihren Firmen berufliche Erschöpfungssyndrome, Lustlosigkeit, Routine und fehlender Gestaltungsspielraum zu immensen wirtschaftlichen Einbußen führen.

Ein Familiensabbatical ist etwas äußerst Ungewöhnliches. Bis auf eine Schweizer Unternehmerfamilie und eine deutsche Lehrerfamilie, die sich ein Sabbatjahr mit schulpflichtigen Kindern – ebenfalls in Kanada – gegönnt oder hart erarbeitet haben, kennen wir keine weiteren Beispiele. Als ich »Familiensabbatical« Monate zuvor im Internet recherchierte, begegnete mir ein ganz anderes Verständnis des Begriffs, nämlich, Auszeit von der Familie zu haben. Klar, dass wir nicht dieser Meinung sind. Für uns bedeutet ein Familien-Sabbatical eine gezielte, zeitlich befristete Auszeit von beruflichen, zeitlichen oder räumlichen Verbindlichkeiten mit dem Ziel, seelisch und körperlich aufzutanken, ungelebte Träume zu realisieren und dies gemeinsam mit der ganzen Familie umzusetzen.

Unser Sabbatjahr ist keine Einzeltat, auf die wir stolz sind, sondern ein Projekt, bei dem wir praktische Hilfe und viel Rückenwind gebraucht und erhalten haben. Darauf schauen wir voller Begeisterung und Dankbarkeit zurück. Deshalb wollen wir das, was wir erlebt haben, teilen. Wir verstehen unsere Auszeit nicht zuletzt als stellvertretendes Erlebnis. Mit der Inspiration, die uns ermöglicht wurde, möchten wir anderen Menschen Lebensfreude und Kraft für ihren Alltag zurückgeben.

Worauf kommt es an im Leben? Ist es die berufliche Laufbahn, der gesellschaftliche Status, der finanzielle Erfolg? Wer sich nicht verlieren will in der Flut äußerer Anforderungen und innerer Ansprüche, der muss sich immer wieder die existenzielle Frage stellen: »Wer bin ich?« Wer bin ich ohne bisherige Rollen und berufliche Anerkennung? Wir stellen uns diese Frage, denn wir können uns nicht mehr über den Beruf definieren. Um dieses Auszeitjahr umsetzen zu können, haben wir beide unsere Arbeitsstellen gekündigt. Wer sind wir? Abenteurer? Auszeiter? Lebensneugierige? Die Zugehörigkeit zu einem Ort ist hinfällig, wir sind jetzt förmlich vogelfrei. Das Reihenhaus wurde dem Vermieter übergeben. Einen Großteil der Möbel und des Hausrates haben wir durch einen »Garage-Sale« verkauft, um mit dem Erlös unsere Reisekasse aufzufüllen. Versicherungen sind aufgelöst oder stillgelegt. Für uns geht es nicht um »Geld oder Leben«, sondern um »Geld zum Leben«, das uns ermöglicht, ein Jahr lang auszusteigen.

Insofern sind wir auch Verrückte, Lebenshungrige – auf jeden Fall Träumer und Idealisten, die ihre Ideen verwirklichen wollen. Wir folgen unserem Lockruf des Lebens.

Sterbende hinterlassen ein Testament, das ihren letzten Willen für die Hinterbliebenen festhält. Lebende könnten ein Idealment schreiben, eine Willenserklärung, die ihre Träume auf die Wirklichkeit fokussiert und ihre eigenen Taten leitet.

Träume nicht dein Leben, lebe deinen Traum! Diesem Zitat begegneten wir immer wieder und es war der Anstoß zur Tat.

Uns wurde klar: Wenn du in Vorträgen lebendig sprechen, als Coach kompetent beraten und in deiner Tätigkeit authentisch sein willst, dann musst du dies auch selbst erleben und vorleben. Begegnungen mit den Schattenseiten des Lebens haben uns aufgerüttelt. Todesfälle, plötzliche Krankheiten, Trennungsgeschichten zogen sich wie Risse durch das Glas vom Bild eines planbaren Lebens und machten uns deutlich, wie brüchig unser Glück und unsere Vorstellungen von der Zukunft sind. Uns wurde klar, dass unser Leben nicht berechenbar und trotz aller Planung nicht abzusichern ist. Wir spürten, dass wir kein Recht auf Gesundheit, wohl aber eine Verantwortung für unser Leben haben. Wir haben eigentlich nur den Augenblick, den wir gestalten können. Pläne und Vorsorge sind durchaus wichtig, aber es gibt keine Garantie für deren Gelingen. Unsere innere Erkenntnis wurde drängender: »Verschiebe deine Träume nicht auf später. Möglicherweise gibt es kein später, sondern ein zu spät!«

Wie dieses »zu spät« im beruflichen Umfeld aussieht, konnten wir immer wieder beobachten. Enttäuschungen machen aus engagierten Menschen desillusionierte Satiriker. Sie lassen sich nicht mehr auf Neues ein und Lebenslust ist zu einem Fremdwort geworden. Altern wird zur Last, Wagnisse werden vermieden, die Schuld bei anderen gesucht und Träume begraben. Damit wollten wir uns nicht abfinden. Wir waren aufgerüttelt! Denn Lebenszeit ist unbezahlbar und unwiederbringlich.

Viele Kinder sind mit dem Bilderbuch »Frederick« von Leo Lionni aufgewachsen. In einfachsten Bildern, mit ganz schlichten Texten erzählt es die Geschichte der Maus Frederick, die zum Erstaunen und Ärger der anderen Mäuse ausschert aus dem gewohnten Sammlerdasein. Statt Nüsse, Körner und Samen zu horten, sitzt Frederick in der Sonne. Er sammelt Sonnenstrahlen, Geschichten und Farben des Sommers für die kalte Jahreszeit. Dass dies nicht nur ein faules Genießen oder ein sinnloser Zeitvertreib ist, wird erst deutlich, als die Vorräte der Mäuse in der Kälte des Winters zu Neige gehen. Hat Frederick vorher von den Vorräten der anderen gelebt, gelingt es ihm nun, durch seine Vorräte an Fantasie und Geschichten die Mäusefamilie vor Verzweiflung und Depression zu bewahren. Das Feuerwerk seiner Erzählungen gibt den anderen Mäusen Kraft zum Überleben. Es wird deutlich, dass auch er wertvolle Schätze gehortet hat, die er nun bereitwillig mit den anderen teilt. Die Mäusefamilie hat gemeinsam eine Chance, die Härten des Winters zu überleben. Der Autor dieser Kindergeschichte hat tatsächlich einen Doktortitel in Volkswirtschaftslehre. Er arbeitete bei einem Wirtschaftsmagazin, bevor er sich entschloss, von New York nach Italien zu ziehen, um sich seiner Leidenschaft, der

Grafik und dem Schreiben von Kinderbüchern, zu widmen. Wir lieben dieses Kinderbuch, weil es ein Wirtschafts- und Lebensklassiker gleichermaßen ist.

Menschen brauchen die Vielfalt. Wir leben von dem, was andere bereit sind, in die Gemeinschaft einzubringen und auch zu teilen. Wir haben ein Recht auf unsere Träume und deren Verschiedenheit. Wir jedenfalls brauchen Farben, Geschichten, Sonnenstrahlen, aber auch Schwarzbrot, einen guten Wein, Käse und Früchte. Was wäre ein Leben ohne Gespräche, Freundschaft, Liebe und Lachen? Ab und zu muss man Veränderung wagen, denn es gibt kein Entweder-Oder, sondern auf den Wechsel kommt es an. Darin liegt das Neue, das Erfrischende und das, was uns lebendig macht.

Kurz gesagt: Wir fühlen uns wie Frederick, als wir nach Kanada aufbrechen, um Geschichten des Lebens zu sammeln.

Einstieg in den Ausstieg

Das Flugzeug, das uns Mitte August nach Kanada bringt, hat den Namen »Stuttgart«, was wir als verheißungsvolles Signal für unsere Reise nehmen. Von Stuttgart aus machen wir uns auf den Weg, um ein Jahr lang Westkanada zu erleben, und nach Stuttgart soll es in 365 Tagen wieder zurückgehen. Zu diesem Zeitpunkt wissen wir nicht, wo wir dann wohnen, was wir arbeiten und mit welchen Erfahrungen wir zurückkehren werden. Unser einziger Fixpunkt ist das Gymnasium, an dem wir Nora angemeldet und gleichzeitig um eine Freistellung für den einjährigen Auslandsaufenthalt gebeten haben. In Kanada wird Nora ab Mitte September eine kleine Dorfschule in Bridge Lake besuchen. Wir haben schon im Vorfeld mit dem Cariboo Schuldistrikt in British Columbia Kontakt aufgenommen und das erforderliche Schulgeld gezahlt.

Unser Versprechen an die Zehnjährige ist: »Wir werden ein Abenteuerjahr als Familie erleben und unser Bestes dafür geben, dass du in einem Jahr in die gleiche Schule wie die älteren Geschwister gehen und deine Freunde wiedersehen kannst.« Nora teilt unseren Traum, hat seit langem die Tage bis zu unserer Abreise gezählt und ist voller Vorfreude auf Tiere, Wildnis und gemeinsame Abenteuer. Es ist erstaunlich, wie leicht sie Abschied nehmen konnte von vielen Spielsachen, die sie verkaufte, sowie von einem Zuhause, das sie seit ihrer Geburt kennt und liebt. Kurz vor unserer Abreise hat Nora noch einmal jeden der Bäume im Garten umarmt und sich förmlich von ihrer Kindheit und diesem kleinen grünen Paradies verabschiedet. Zu diesem Zeitpunkt kann keiner von uns wissen, dass nach unserem Auszug ein radikaler Kahlschlag des Gartens erfolgen wird. Als wir Wochen später aus E-Mails davon erfahren, dass nur einer der gewachsenen Bäume stehen geblieben ist, können wir es kaum glauben, aber wir sind froh, unserem Kind den Anblick des kahlen Ziergartens ersparen zu können. Vielleicht hat Nora intuitiv das Richtige gemacht mit ihrem innigen Abschied.

Wir alle haben in den letzten Wochen und Monaten vor unserer Abreise das Loslassen und Abschiednehmen gelernt und praktiziert. Bücher, Möbel, Spielzeug, Gewohnheiten, Kollegen, Arbeitsfelder und schließlich ein schönes Heim haben wir aufgegeben.

Der Abschied von unseren beiden älteren Kindern, die in Deutschland bleiben und studieren, fällt uns schwer. Tröstlich ist die Gewissheit, dass sie uns dieses Jahr von Herzen gönnen und wir uns zu Weihnachten in Kanada wiedersehen werden. Unser ungewöhnlicher Schritt ermöglicht es ihnen, Verantwortung für ihr eigenes Leben zu übernehmen. Sie werden ohne die Fürsorge, aber auch ohne Eingriffe und Ratschläge der Eltern ihr Leben organisieren. Beruhigend, dass uns Freunde und die Großfamilie versichern, die beiden jederzeit zu beraten und zu beherbergen.

Für unsere eigenen Eltern ist es tröstlich zu wissen, dass wir weder auswandern noch für Jahre ans andere Ende der Welt ziehen werden. Wie für viele ältere Menschen ist es dennoch nicht ganz leicht für sie, eigene Sichtweisen zurückzuhalten und die Kinder, selbst wenn diese längst erwachsen sind, ihren Weg ziehen zu lassen. Ihre guten Wünsche und Gedanken begleiten uns jetzt neben einem Berg von Gepäck.

Das wertvollste Stück unter den sechs Taschen, Koffern und dem Handgepäck ist nicht die teure Fotoausrüstung und auch nicht der neue Laptop, sondern die große Plastikbox mit Aufschrift: »Vorsicht – lebende Tiere«. Unsere Hündin Aruna, ein kluges und anhängliches Tier, wird uns in diesem Jahr begleiten. Mit Impfungen und implantiertem Chip versehen, nach einer Beruhigungstablette schläfrig in ihrer Box liegend, haben wir sie am Frankfurter Flughafen den Mitarbeitern der Fluggesellschaft übergeben. Alle, auch die Männer der Familie, hatten anschließend Tränen in den Augen. Es war eine außergewöhnliche emotionale Situation, denn wir alle fragten uns insgeheim, ob das Tier im richtigen Flugzeug landen und die Turbulenzen gut überstehen würde. Doch zum Glück war die einzige Panne eine große Pfütze, die der Hund nach dreizehn Stunden Box-Aufenthalt schließlich auf dem plüschigen Teppich im Ankunftsterminal in Vancouver hinterließ.

Bereits nach acht Stunden Flug sehen wir tief unter uns die Weite des kanadischen Nordens und die ersten schneebedeckten Gipfel der Rocky Mountains. Doch vermissen wir Noras sonstige Begeisterung. Ein Blick in das Gesicht der Kleinen zeigt, dass sie hohes Fieber bekommen hat. Es ist genau das, was man sich bei der Einreise mit einem Berg von Gepäck in ein fremdes Land und bevorstehenden kritischen Fragen von Behörden nicht wünscht. Wir wissen nicht, ob es der seelische Stress der letzten Wochen, das emotionale Abschiednehmen am Flughafen, die Ungewissheit vor diesem großen Abenteuer oder die üblichen Viren sind, die man sich auf Reisen schnell einfängt. Aber es hilft kein Jammern. Wir brauchen Gelassenheit, innere Stärke und

Zuversicht bei unserem Abenteuer. Hier können wir sie gleich anwenden. Beate hat glücklicherweise Medizin im Handgepäck und so überstehen wir das Nadelöhr Flughafen. Der Beamte am Schalter hört gerne, dass wir uns auf sein Land freuen, Geschichten sammeln und Kraft tanken wollen. Schließlich haben wir den erforderlichen Einreisestempel im Pass und die Auflage, dass wir nach einem halben Jahr das Land verlassen müssen. Dies ist uns klar, denn in Kanada gibt es kein ganzjähriges Touristenvisum. Wir haben uns auf eine Unterbrechung eingestellt, auch wenn es uns anders lieber gewesen wäre. Wo wir nach sechs Monaten hinfliegen werden, haben wir noch nicht entschieden. Jetzt wollen wir erst einmal ankommen.

Der Einstieg in unseren Ausstieg an diesem heißen Augusttag in Vancouver ist mühsam. Wir warten fast zwei Stunden, bis wir von unserem Wohnmobilvermieter abgeholt werden. Irgendwann landen wir schließlich auf einem unromantischen Gelände voller Wohnmobile, wo es bei sommerlichen dreißig Grad und trotz Schlafdefizit erst einmal Packen, Einräumen und Sortieren heißt. Am nächsten Morgen verlassen wir und etliche weitere Familien in vollgetankten Wohnmobilen, versorgt mit Touristentipps und Bärenspray das Gelände. Wir sind die einzigen, die ihr Gefährt für fünf Wochen behalten werden. Es ist nicht das neueste Modell, aber dafür sind Hunde erlaubt.

Zwei Stunden später lehnen wir zu dritt an der Reling der »Queen of England«, die uns nach Swartz Bay, Vancouver Island bringen wird. Wir meinen, irgendwo in den Schärengebieten vor Stockholm unterwegs zu sein. Die Gulf Islands in der Meerenge zwischen Vancouver und der vorgelagerten 400 Kilometer langen Insel Vancouver Island sehen verblüffend ähnlich aus. Einladende sandige Buchten, runde Felsblöcke, die aus dem Wasser ragen, viele Kiefern, die ihre Wurzeln in den kargen Boden krallen, helle Segelboote und sogar rote und graue Holzhäuser erinnern uns an vergangene Schwedenaufenthalte. Lediglich die rote Flagge mit dem Ahornblatt, die am Bug im Wind flattert, und die englischen Ansagen aus dem Lautsprecher machen deutlich, dass wir tatsächlich in Kanada sind.

Das kleine, beschauliche und sehr britische Städtchen Viktoria ist die Hauptstadt von British Columbia. Wir beschließen, den Ort nur zu streifen. Uns zieht es an den offenen Pazifik, den westlichsten Punkt unserer Reise. »Worauf freust du dich am meisten?«, wurde ich in den letzten Tagen in Deutschland oft gefragt. Was soll man sagen, wenn es so vieles gibt, was einen reizt, dass man die Fülle kaum beschreiben kann. Mit leuchtenden Augen sagte ich dazu: »Ich freue mich, das Sabbatical mit den Füßen im Sand und dem Blick auf den grenzenlosen Horizont des Pazifiks zu beginnen.«

Endlich ist es so weit. In der späten Nachmittagssonne klettern wir über riesige Treibholzstämme, hören das Rauschen des Meeres, sitzen zu dritt im Sand und hängen unseren Gedanken nach. Wir versuchen, die Seele nachkommen zu lassen, und begreifen erst allmählich, dass der lang ersehnte Freiraum nun vor uns liegt. Was wird uns in diesem Jahr begegnen? Wie werden wir uns verändern? Wird uns die Wildnis wieder loslassen oder ist es ein Abschied aus Deutschland für immer?

Das Treibholz ist glattgeschliffen und schimmert matt silbrig. Ich wünschte, ich könnte einen ganzen Container voll davon mitnehmen. Mich fasziniert dieses besondere Holz. Welche Reise haben diese Baumriesen hinter sich? Welche Stürme haben sie aus ihrem Lebensraum gerissen? Ich denke an die Wurzeln meines Lebens und daran, dass wir einige Wurzeln aufgegeben haben, um neue Ufer zu erreichen. Wurzeln und Flügel sollst du einem Kind geben, hat schon Goethe empfohlen. Genau dies wollen wir unseren Kindern, aber letztlich auch dem inneren Kind in jedem von uns geben. Halt, Flexibilität, Stärke, Nahrung – alles Funktionen von Wurzeln. Manche sind stark, andere verästelt und dünn. Ein Baum, der seine Wurzeln in die Tiefe gräbt, hält dem Sturm besser stand. Genauso braucht der Mensch eine Verankerung. Sind unsere Wurzeln stark genug für dieses Jahr? Rei-

chen Selbstvertrauen, innere Seelenkraft, Glaubenstiefe, Verbundenheit, Liebe und Zuversicht aus?
Für die seelischen Flügel wünschen wir uns Wachstum in diesem Sabbatical. Beate möchte mutiger und gelassener, Olaf weniger kopfgesteuert und ein bisschen verrückter werden. Visionen für unsere Zukunft dürfen entstehen und die Leichtigkeit soll sich mehren.
Nora braucht nach diesem ersten Ausflug vor allem Wärme, Geborgenheit, Ruhe und Medizin. Erst einige Nächte später kann sie wieder fieberfrei und entspannt durchschlafen. Unsere Anspannung löst sich und macht Platz für die Neugier auf das Abenteuerjahr in Kanada.

Zeitenwechsel

Die ersten fünf Wochen reisen wir im Wohnmobil durch British Columbia. Die westlichste Provinz Kanadas ist doppelt so groß wie Deutschland, der grandiosen Natur stehen jedoch nur 4,5 Millionen Einwohner gegenüber. Die Hälfte von ihnen besiedelt den Großraum Vancouver und einen schmalen Streifen Land entlang der US-amerikanischen Grenze. Geografisch beinhaltet British Columbia eine enorme Vielfalt: vom Regenwald an der Pazifikküste über tief eingeschnittene Fjorde, majestätische Bergformationen, wüstenähnliche Gegenden bis zum hügeligen Interiorplateau zwischen den Coast- und Rocky Mountains. Für deren Erkundung möchten wir uns Zeit nehmen, bevor wir mit Beginn des Schuljahres auf einer Ranch im Cariboo Country, sieben Autostunden nördlich von Vancouver, am unspektakulären Highway 24 sesshaft werden wollen.
Viele Menschen haben uns gefragt, wieso wir nicht durch die Welt reisen, sondern ausgerechnet in Westkanada bleiben. Wir wollen nicht planen, reisen und Länder erobern, sondern verweilen, innehalten

und dies vor einer Naturkulisse und in einem englischsprachigen Umfeld, was uns begeistert. Wer einmal hier war, Natur liebt und diese offenherzigen, geradlinigen Menschen erlebt hat, versteht uns garantiert! Das Geheimnis der unberührten Wildnis, türkisblauer Seen, der fischreichen Flüsse und gigantischen Berge, der Einsamkeit und des lebendigen Pioniergeistes Westkanadas erschließt sich vor allem denen, die diese wunderbare Provinz nicht nur auf ADAC-empfohlenen Routen in kürzester Zeit durchqueren, sondern ihrem eigenen Kompass folgen können.

Als Nora – schließlich wieder gesund – fröhlich über den Campingplatz springt, Aruna in den Wellen herumtobt und wir das abendliche Ritual eines Lagerfeuers aufnehmen, wird es Zeit, dankbar und entspannt mit einem Glas Rotwein aus dem Okanagan, der Weinregion Westkanadas, auf den Urlaub anzustoßen. In den ersten Wochen fühlen wir uns tatsächlich wie im Urlaub. Als uns eine deutsche Ärztin auf dem Campingplatz nach unseren Plänen fragt und schließlich etwas neidvoll meint: »So ein Sabbatical würde ich mir auch mal wünschen!«, ist es uns fast peinlich, über unseren Zeitreichtum zu sprechen. Es dauert eben, einen neuen Rhythmus und auch eine neue Rolle oder Identität zu finden.

Fast zu stark haben wir uns jahrelang über unsere Beruf und viele Termine definiert. Nun gönnen wir uns bewusst Zeit, in das Neue hineinzuwachsen. Genauso ist es mit der Sprache. Auch wenn wir bei weitem nicht alles verstehen, das tiefe, freundliche »how are you« oder das »great!« bewirken, dass wir uns willkommen fühlen und die kanadische Offenheit immer selbstverständlicher genießen.

In diesen ersten Tagen unserer neuen Zeitrechnung müssen wir immer wieder die Ankunft feiern. Ankommen bedeutet für uns, wenn Geist und Körper harmonieren, Krankheiten verschwinden, Leben ohne Sorge möglich ist und wir uns auf das Jetzt und Hier einlassen können. Dazu gehört auch Genuss, zum Beispiel eines köstlichen, frisch gebratenen Lachses. Die Zubereitung des Essens wird zu einer

Muße im Sabbatical. Es steckt ein vielfacher Nährwert darin, der über das bloße Ernähren weit hinausgeht.

Schon bald entwickelt es sich für jeden von uns zur guten Gewohnheit, unsere Entdeckungen in einem Tagebuch festzuhalten. Es ist ein Schatz, diese innere Reise zu beschreiben. Außerdem haben wir versprochen, regelmäßige Newsletter an unsere Freunde und Bekannten in Deutschland zu schicken. Obwohl wir erst ein paar Tage unterwegs sind, fällt es uns beim Schreiben jetzt schon schwer, uns auf das Wichtige und Originelle zu beschränken – so viel haben wir bereits erlebt. Als der erste Newsletter auf die elektronische Weltreise gehen soll, stellt sich uns die Frage: Wo bitte gibt es Internet? Auf dem Campingplatz mitten im Wald jedenfalls nicht.

Langsam sind wir auch wieder reif für die Zivilisation. Deshalb gibt es einen Stadtausflug nach Viktoria. Dort genießen wir unbeschwert das sommerliche Volk an der Hafenpromenade, schicken den Newsletter auf Reisen und trinken den ersten wunderbaren Cappuccino auf der Terrasse eines einladenden Restaurants, während die E-Mails in unser Postfach flattern. Der Hund muss draußen bleiben. Die diesbezüglich strengen Regeln in Kanada sind nicht zu vergleichen mit dem hundefreundlichen Alltag in deutschen Städten. Die große Freiheit im sogenannten wilden Westen beginnt erst deutlich nördlicher. Viktoria, Vancouver und mittelgroße Ortschaften im Süden des Landes zählen jedenfalls nicht dazu. Hunde werden an der Leine gehalten, dürfen nur in eingezäunten Hundespielplätzen im Viereck springen und sind außerdem sterilisiert sowie gut erzogen. Dass auf dem Land ungefähr das komplette Gegenteil zutrifft, können wir zu diesem Zeitpunkt noch nicht wissen.

Wir wollen zurück zum Wohnmobil und entschließen uns, die Strecke mit einem Boot zurückzulegen. Versehentlich wählen wir das falsche Hafentaxi und schippern eine riesige Runde mit dem freundlichen, alten Kapitän durch die Touristengebiete von Viktoria. Da wir die einzigen Gäste sind, erzählt uns der Mann seine Geschichte. Er ist längst Rentner, liebt seinen Job als Kapitän aber so sehr, dass er gerne weiterhin täglich sechs Stunden auf dem wackeligen, kleinen Motorboot verbringt. Er arbeitet, weil es ihm *fun* gibt und diese Freude spüren wir. Dass er mit dieser Arbeitshaltung nicht allein ist, merken wir, als wir während der Fahrt anderen Booten der Flotte begegnen. Alle lachen sich zu, grüßen entspannt, wechseln einige Sätze über Wasser und Wetter. Wir ahnen, weshalb das Unternehmen so rentabel ist. Die Schiffe mit diesem Personal sind ein Magnet für Touristen und Einheimische. Motivierte Mitarbeiter, Menschen, die einen Sinn in ihrer Arbeit sehen und die offenbar auch Wertschätzung für ihr Engagement erfahren, sind der Schatz der Firma.

Nach einer kostenlosen Zusatzrunde verabschieden wir uns wie alte Bekannte und genießen den Sonnenuntergang mit einem frischen Fischwrap am Holzsteg am Hafen. Robben auf der Suche nach einem abendlichen Häppchen stecken ihre Köpfe aus dem Wasser – ein unerwartetes Schauspiel, das unseren Ausflug krönt. Wir sind dankbar für diese Erlebnisse, für Noras Gesundheit und das riesige Glück, nicht – wie in einem Familienurlaub üblich – in zwei Wochen wieder das Flugzeug besteigen zu müssen.

Und offensichtlich sind wir angekommen im Zeitenwechsel. Es gelingt immer häufiger, nicht vorauszuplanen, sondern den Tag, den Moment wertzuschätzen. Es ist doch herrlich, wenn man sich in diesem Augenblick keinen schöneren Platz auf der Welt und keine bessere Beschäftigung oder nettere Gesellschaft vorstellen kann. Heute ist so ein perfekter Tag! Unser Camper steht am Ufer eines türkisfarbenen Flusses nördlich von Port Albani, einem kleinen Ort im Landesinneren von Vancouver Island. Das Wasser ist kristallklar und erstmals können wir Lachse flussaufwärts schwimmen sehen. Mitunter haben sie sogar noch die Kraft, aus dem Blau des Flusses herauszuspringen, als wollten sie zeigen, dass es Spaß macht, gegen den Strom zu schwimmen. Nora baut Rindenschiffe, Olaf relaxt in der Sonne und der Himmel spannt sich tiefblau weit über uns. Perfekt! Wir möchten nirgends lieber sein.

Die Gedanken gehen zurück. Vor drei Jahren waren wir erstmals in Westkanada. Am letzten Urlaubstag begleiteten uns drei Hunde der Gästeranch hinauf in die Hügel. Wir genossen den Blick in die unendlich scheinende Weite, über Flüsse und Seen bis hin zu den weißen Kappen majestätischer Berge. Unter Tränen sind wir abgefahren und konnten uns diese eigenartige Sentimentalität kaum erklären. Eine Sehnsucht war geboren. Manche Träume träumst du eine Weile und verabschiedest sie dann. Andere Träume sind so stark, dass du ihrem Ruf folgst und irgendwann werden sie wahr. Es ist ein umwerfendes Gefühl, an so einem Meilenstein des Lebens angekommen zu sein.

Unsere Tage sind voll von Überraschungen und Erlebnissen. Eines Morgens frühstücken wir im Café eines kleinen Ortes. Der obligatorische *Pancake*, eine Art süßer Pfannkuchen mit Sirup, duftet, der Cappuccino hat glücklicherweise den Cowboykaffee aus Pulver und heißem Wasser abgelöst und kommt sehr italienisch in großen weißen Tassen daher. Nora schaut über den Rand ihrer Kakaotasse, lächelt wonnig und meint: »So entspannt war ich noch nie! Ein Tag ist schöner als der andere.« Wir lachen. Welch eine Feststellung aus dem Mund eines noch nicht einmal elfjährigen Kindes. Aber natürlich hat sie recht. So entspannte Eltern, die sich neuen Themen zuwenden, nicht ständig in Gedanken an anstehende Projekte und Veranstaltungen sind, die gerne und viel lachen, hatte sie lange nicht.

Dass wir uns leicht und lebendig fühlen, liegt sicher auch an der liebenswürdig-fröhlichen Lebensart der Inselbewohner. Die freundliche Besitzerin des leckeren Candy-Shops (Süßwarenladen) mit dem Namen »Hänsel & Gretel« ist ein Europa-Fan, nach allen Reisen aber zieht sie sich am liebsten auf ihre Insel zurück. Selbst Vancouver, was wir, verglichen mit deutschen Großstädten, sehr entspannt, überschaubar und naturnah finden, ist ihr zu geschäftig. Auf Vancouver Island geht es gemütlich zu. Die milden Temperaturen locken viele ältere Menschen aus dem Landesinneren hierher und im Winter freut man sich, dass es höchstens einmal Schnee gibt.

So sehr uns Campingromantik und Einfachheit entsprechen, muss doch nach ein paar Tagen etwas Kultur ins Leben. Zwei originelle Weingläser, drei hübsche Tischsets sowie eine Klassik-CD sind unsere Beute in einem der netten Touristenläden. Damit sieht der rustikale Holztisch vor dem Wohnmobil auf dem Campingplatz gleich viel individueller aus und das Essen schmeckt irgendwie auch besser. Wir haben diesen Platz zu unserem Platz gemacht. Im Laufe unserer Auszeit mit vielen wechselnden Übernachtungsplätzen haben wir oft diese Erfahrung gemacht: Indem du dich entscheidest, einen Platz zu deinem Platz zu machen, auch wenn er auf den ersten Blick vielleicht nicht einladend aussieht, wirst du ihn verändern und lieb gewinnen. Diese Erkenntnis trifft auf viele »Plätze« des Lebens zu – auf Wohnungen, Arbeitsplätze, Wohnorte, sogar auf Freunde. Nicht was dir begegnet, ist entscheidend, sondern wie du mit dem umgehst, was dir begegnet, macht dein Leben aus – eine Einsicht, die wir für uns nutzen wollen. Wenn uns etwas nicht gefällt, gibt es in der Regel mehrere Möglichkeiten, zu reagieren. Die Kanadier sagen schlicht: *Love it, change it or leave it.* Liebe, was du tust, verändere die Rahmenbedingungen oder verlass es und beginne etwas Neues. In der Regel haben wir in unserem Leben und unseren Berufen bisher Schritt eins und zwei angewandt. Mit dem Sabbatical haben wir uns für Variante drei entschieden. In nächtlichen Träumen und täglichen Gesprächen wird klar, dass das Lassen und Verlassen ein Weg ist, der Zeit braucht. Wir bedauern immer noch, dass es uns nicht gelungen ist, unsere Vorgesetzten von der Sinnhaftigkeit dieser Auszeit zu überzeugen. Erstaunlich gut ist, dass wir die prall gefüllten Terminkalender überhaupt nicht vermissen, sondern offen für neue Themen sind. Zum Beispiel beschäftigt uns die Frage nach persönlichen Kraftquellen und individuellen Verhaltensweisen. Wie hängt das Entstehen von Burnout, dem seelischen Erschöpftsein, mit der inneren Veranlagung einer Person zusammen? Welche Rahmenbedingungen brauchen Menschen, um leistungsfähig, engagiert und kraftvoll zu bleiben? Ist die zunehmende Beschleunigung, der Drang nach Verbesserung und Perfektion eine Gesetzmäßigkeit unserer Zeit? Was kann der Einzelne tun, um Glück zu empfinden und das Leben zu leben, das ihm entspricht? Manche Fragen finden eine plausible Antwort in dem, was uns im Alltag in Kanada begegnet.

Zwei Tage später sitzen wir am kilometerlangen, sandigen Long Beach zwischen Tofino und Ucluelet im Westen der Insel am Pazifik. Als wir den unermüdlichen Surfern in der Brandung zuschauen, fallen uns Holzschilder auf mit der Aufschrift »Warning: scared drifts«. Die Schilder warnen deutlich vor Meeresströmungen. Im Notfall solle man seitlich aus dem Sog heraus und dann zurück zum Ufer schwimmen. Es besteht Lebensgefahr, wenn man diese Warnung nicht beherzigt. Vor allem Schwimmer und Surfer müssen sich der Gefahr bewusst sein, dass unsichtbare Strömungen sie hinaus auf das Meer ziehen können. Selbst sehr gute Schwimmer scheitern, wenn sie diese Warnung nicht ernst nehmen. Wir philosophieren und ziehen Parallelen zum Berufsleben und zu Gesetzmäßigkeiten, die unter dem Namen *Chronisches Erschöpfungssyndrom* bekannt sind. Das Meer der Arbeit ist für aktive Menschen nicht abschreckend, sondern eine reizvolle Herausforderung. Sie sind starke, gute Schwimmer – keine Frage, dass sie in »normalen« Gewässern lange durchhalten und gut vorwärts kommen. *Scared drifts* in unserem Berufsalltag sind immer eine Vielfalt von Komponenten – innerer und äußerer Art: unausgesprochene Erwartungen an die zeitliche Verfügbarkeit, ineffektive Sitzungen, eigene Ansprüche und Perfektion, überhöhte Werte, die mit Inhalten der Arbeit verknüpft sind, der stetige Anspruch an immer bessere, größere Veranstaltungen, das Gefühl, nicht mehr abschalten zu können, die Zerrissenheit zwischen dienstlichem Engagement und dem Bedürfnis nach familiärem Rückzug, die fehlende Abgrenzung der Aufgaben, dienstliche Strukturen und Traditionen, die überaltert sind, aber nicht verändert werden, Unglaubwürdigkeit durch widersprüchliche Aussagen intern und nach außen.

Viele Menschen kennen diese Themen aus ihrem beruflichen Leben allzu gut. Vor allem Lehrerinnen und Lehrer oder Menschen im sozialen oder medizinischen Arbeitsumfeld leiden darunter, wenn ihre idealistischen Erwartungen der Realität nicht entsprechen. Selbstbestimmung, Verantwortlichkeit und Wertschätzung sowie Handlungsspielräume und Entscheidungsfreiheit sind Faktoren, die in solchen Situationen wie »Schwimmhilfen« oder Motoren wirken. Sie helfen, die gefährlichen Strömungen zu überwinden. Fehlen sie auf Dauer, bleibt dem Schwimmer nur eine Möglichkeit, wenn er nicht untergehen will: Das ganze System kann er nicht ändern, die Strömungen sind nicht einfach auszuschalten. Er muss abbiegen, seitlich dem Sog der Strömung entgehen. Als wir dieses Hinweisschild am Strand sehen, wissen wir, dass wir etwas Vergleichbares getan haben. Beide haben wir den »Sog« der gefährlichen und kraftraubenden Strömung gespürt, Kollegen und Kolleginnen gesehen, die untergegangen sind oder bereits ordentlich Wasser geschluckt haben. Wir haben uns – im Bild gesprochen – aus dem Sog der Meerestiefe befreit und entspannen jetzt im seichten, warmen Wasser der Auszeitbucht.

Nach zwei Wochen Inselleben ist die Zeit gekommen, weiterzuziehen. Wir spielen die Möglichkeiten durch, in welche Richtung wir nun fahren könnten. Auf dem Campingplatz bei Port Alberni begegnen wir Mike, einem originellen Typen aus Alberta, der uns zu einem Kaffee vor seinem Zelt einlädt. Als wir ihn auf die mehr als tausend Kilometer lange Fahrt ansprechen, die er hinter sich hat, meint er lachend: »It's not far. It took me 22 hours and I had some coffee and good talks on my way.« So ist das also. Die Mammutstrecke ist nicht weit, weil man die 22 Stunden Fahrtzeit mit einigen Tassen Kaffee und guten Gesprächen auf dem Weg anreichern kann. Wir haben zwar immer noch keine Freude an stundenlangen Fahrten, aber ganz langsam werden auch wir kanadisch entspannter, mutiger und spontaner. Bleiben oder gehen? Das Wetter soll schlechter werden. Also entscheiden wir uns noch am Abend, den Weg nach Norden anzutreten und dafür auf das Festland überzusetzen. Vier Stunden später kommen wir in Nanaimo, dem Hafenstädtchen an der Ostküste von Vancouver Island an. Wir nehmen um Mitternacht die letzte Fähre ins nördlich von Vancouver gelegene Horseshoe Bay, kaufen unterwegs drei neue CDs, um auf längeren Fahrtstrecken gute Unterhaltung zu haben, und steuern hundemüde irgendeinen Parkplatz in einer kleinen Wohnsiedlung am Howe Sound, dem Meeresarm an der nördlichen Küste von Vancouver, an. Ohne einen Blick in die nähere Umgebung zu werfen, fallen wir in den Tiefschlaf.

In dieser Nacht werden wir von einem tiefen, Mark und Bein durchdringenden Geräusch brutal geweckt. Ist es das Signal eines heranbrausenden Zuges? Während wir uns verzweifelt zu erinnern versuchen, ob wir in der Nacht versehentlich auf Schienen geparkt haben, macht das Vibrieren des ganzen Wohnmobils deutlich, dass es sowieso zu spät wäre, jetzt noch etwas daran zu ändern. In nur wenigen Metern Entfernung donnert das stählerne Ungetüm an unserem Auto vorüber. Alle sind hellwach. An Schlaf ist nicht mehr zu denken. Deshalb fahren wir schon im Morgengrauen die wenigen Kilometer nach Squamish weiter. Squamish ist eine kleine Ortschaft mit einem ganz neuen Outdoor-Universitätscampus und Scharen von Bergkletterern, Surfern und vielen indianischen Einwohnern, die man hier *First Nations* nennt. Uns lockt allerdings etwas viel Profaneres: der örtliche Starbucks mit Internet, Kaffee und den allseits bekannten Blaubeer-Muffins. Frühstück ist angesagt, um uns zu stärken für den anstehenden Kauf eines *mobile-phone*, wie die Kanadier das Handy (diesen Begriff kennt in Kanada niemand!) nennen. Die Stärkung war auch bitter nötig, wie wir nach zwei anstrengenden Stunden in einem Technikladen ohne wirklichen Service feststellen. Aber Ende gut, alles gut. Wir haben schließlich ein kanadisches Handy und sind mobil zu erreichen, ohne astronomische Handyrechnungen zu produzieren. Dass es in

Kanada jenseits von Vancouver nur noch wenige Gebiete gibt, in denen man Empfang hat, werden wir noch früh genug erfahren. Jetzt jedenfalls fühlen wir uns ziemlich verbunden mit der Welt und setzen unsere Fahrt Richtung Whistler, dem olympischen Wintersportort, zufrieden fort. Whistler, das jetzt auf einer vierspurigen Schnellstraße in einer guten Stunde von Vancouver aus erreicht werden kann, wirbt, Olympia sei Dank, mit bestem Anschluss an die Welt. Wir haben den wachsenden Ort mit seinen schönen Seen und dem riesigen, toll ausgebauten Fahrradnetz schon in den letzten Jahren ausgiebig per Rad und zu Fuß erkundet. Hier wollen wir unbedingt noch einmal Station machen, bevor es weiter in den Norden geht.

Wie immer herrscht ein buntes Treiben am Fuß der Gondelbahn zum Whistler Mountain. Die Bahn lockt ein wildes »Biker-Volk« ins felsige Paradies des weltgrößten Mountainbike-Downhill-Parkes. Uns stockt mitunter der Atem, als wir mit einer Tasse Kaffee auf der Terrasse eines Hotels sitzend rasante Abfahrten und verrückte Sprünge auf steilen, staubigen Pisten beobachten. Beruhigend zu wissen, dass Whistler eine ausgezeichnete Klinik für Sportunfälle hat!

Mehr Naturidylle verspricht der Campingplatz am Rand des Ortes, auf dem wir direkt nach der Ankunft in Whistler unser Wohnmobil abgestellt haben. Nach unserem Besuch im Dorf wollen wir über schattige Waldwege und entlang eines gletscherblauen Flusses zu Fuß zurück zum Campingplatz gehen. Die Betreiber des Campingplatzes haben uns schon vor den sehr aktiven Schwarzbären gewarnt. In diesem Jahr mussten bereits 18 Bären in und um Whistler abgeschossen werden, weil sie, angelockt von Speiseabfällen und leicht zugänglichen Mülltonnen, keine Distanz mehr zu menschlichen Wohngebieten haben. Deshalb steht auf jedem Müllcontainer fett und rot: »Don't feed a bear. A fed bear is a dead bear.« Ein gefütterter Bär ist ein toter Bär. Denn es ist meist absehbar, dass diese Tiere ihre Scheu, nicht aber ihre Gefährlichkeit verlieren. Kommen die Bären dann menschlichen Siedlungen zu nahe, müssen sie getötet werden. Uns ist es sowieso schleierhaft, wie man auf die Idee kommen kann, einen Bären zu füttern. Damit auch unerfahrene Menschen den Bären auf angemessene Weise begegnen und sich nicht von der tapsig-plüschigen Schönheit zu gefährlicher Nähe verleiten lassen, sind auf Parkplätzen, an Spazierwegen und Stadträndern Warntafeln aufgestellt: »Bleiben Sie ruhig, schauen Sie dem Bären nicht in die Augen, gehen Sie langsam rückwärts, nehmen Sie Kinder zwischen sich und Hunde an die Leine.« Es gibt noch eine Menge Tipps mehr. Einer der häufigsten ist, eine Bärenglocke am Rucksack zu tragen. Möglicherweise stammt dieser Rat, verbunden mit einer großzügigen Spende für die Aufstellung von Schildern, aus der Werbeabteilung des Bärenglocken-Herstellers. Im Laufe des Jahres konnten wir feststellen, dass diese Glocken am Rucksack ein untrügliches Zeichen für Touristen oder Stadt-Kanadier sind. Alle, die in der Wildnis leben und definitiv viel Bärenkontakt haben, nennen diese Glocken lächelnd *dinnerbell*. Das Gebimmel der Glocke ist eine Einladung an Bären: »Dinner is ready – das Essen ist bereit!« Kurzum, Kenner können mit der Gefahr von Bären entspannt umgehen, beachten Spuren, verhalten sich defensiv, wahren einen gesunden Abstand und hoffen, Bären mit gesundem Sozialverhalten zu begegnen. Ansonsten hilft weniger die Glocke als schnelle Reaktion oder ein Wunder. Wenn wir uns in Europa so viele Gedanken über die Gefahr von Autos machen würden, dann dürfte niemand mehr auf die Straße gehen, denn diese Gefährdung ist um ein Vielfaches höher als vom Bären angefallen zu werden, obwohl Westkanada eindeutig zu den Gegenden mit der höchsten Population an Schwarzbären und weiter nordwestlich auch Grizzlybären gehört.

Wir sehen auf unserer kleinen Wanderung zum Campingplatz tatsächlich plötzlich einen großen Schwarzbären in seiner pelzigen Lebendigkeit herumspazieren. Freiwillig wählen wir den Rückzug. Ein wenig weich sind die Knie schon, denn solch großen Tieren stehen wir in Deutschland gewöhnlich nur mit einem trennenden Gitter dazwischen gegenüber. Ein Bärenangriff geht schnell. Dass diese Tiere ein rasantes Tempo entwickeln können, wissen wir aus den Berichten von Bärenexperten wie dem Tierfilmer Andreas Kieling. Doch unser Bär denkt offensichtlich nicht an Angriff. Er zeigt überhaupt kein Interesse an uns und verschwindet recht unspektakulär im Gebüsch neben dem Weg. Im Gegensatz zu Olaf und Nora gibt Beate freimütig zu, dass sie nicht zu den entspannten Bärenkennern zählt und ist froh, als der Weg ohne Zwischenfälle fortgesetzt werden kann. Auf dem Campingplatz angekommen, freuen wir uns an dem schönen Stellplatz in Flussnähe, über den Stromanschluss und ganz besonders über das W-LAN im Wohnmobil. Endlich können wir wieder Weltgeschehnisse wahrnehmen und mit unseren Kindern, Großeltern und Freunden mailen.

Ein absoluter Genuss ist der abendliche Besuch im Scandinavian Spa, einer kleinen Sauna-Oase am Hang über dem Ort. Kanadier gehen nur selten in die Sauna, deshalb gibt es nicht viele davon. Im Gegensatz zur großen äußeren Weite lässt sich bei ihnen mitunter eine beklemmende Enge beobachten, was Körperlichkeit angeht. Man ist recht prüde, zieht bereits Dreijährigen mit großem Aufwand blickgeschützt hinter Decken die Badehose an und es ist ein absolutes *No-go*, nackt in die Sauna zu gehen. Also sitzen wir im Saunablockhaus brav in Badehose und Bikini auf dem Handtuch und genießen den außerordentlichen Fernblick auf dichten Wald, schneebedeckte Berge und dampfende hellblaue Pools, während der Schweiß über die Stirn rinnt. Es ist ein purer Wohlfühlabend! Heute, hier und jetzt wollen wir leben und zwar mit allen Sinnen. Wir freuen uns unglaublich, wo immer uns der Zeitenwechsel gelingt.

Auf dem Goldrush Trail

Am nächsten Tag verlassen wir das teure Pflaster von Whistler und folgen der im Reiseführer angepriesenen Route 99 durch die Gebirgspässe der Coast Mountains hinunter zum wüstenähnlichen Fraser River Canyon. Unser Ziel ist das 135 Kilometer entfernte Lillooet, Ausgangspunkt der Cariboo Wagon Road, die hier 1858 ihren Anfang nahm und Tausende Goldsucher in die nördlichen Gebiete um Barkerville brachte. Von Lillooet aus zählte man die Meilen zu den Wechselstellen für die Pferdewagen und noch heute heißen nördlich von Lillooet gelegene Orte 70 Mile House oder 100 Mile House. Als später ein weiterer Weg durch den Fraser River Canyon erschlossen wurde, verlor Lillooet jedoch seine Bedeutung.

Für uns sind eher die beeindruckenden Landschafts- und Klimawechsel interessant. War an der Küste noch der tiefgrüne Küstenregenwald mit dichten Lianen, meterdicken, bemoosten Urwaldriesen und undurchdringlichem Pflanzengewirr zu bestaunen, so hatten wir ab Whistler schon alpines Gelände. Dann folgt das fruchtbare Tal in Pemberton, bevor sich das Bergmassiv der Cayoosh Range mit schroffen Felsen, Gletscherformationen und eisblauen Seen erhebt. Jetzt geht es viele Kilometer bergab durch imposante Felsengen, in denen die Straße am Hang zu kleben scheint und man das lichte Blau des Himmels nur sehen kann, wenn man die Nase an die Windschutzscheibe drückt. Noch vor wenigen Jahren war die Duffy Lake Road für Wohnmobile gesperrt, da man den Bremsen der Autos oder den Fahrkünsten der Touristen auf der Schotterstraße nicht über den Weg trauen wollte. Heute ist sie eine sehr schöne, kurvige, asphaltierte Straße mit überwältigenden Ausblicken. Der Duffy Lake ist ein beliebtes Fotomotiv. Genau so stellt man sich Westkanada vor. Ein grünblauer einsamer See, am Ufer gesäumt mit wild blühenden Blumen und im Hintergrund mächtige, schneebedeckte Berge. Auch wir gönnen uns hier ein Verweilen.

Unser nächster Stopp wird der Campingplatz am Seton Lake sein, den der Energiekonzern BC Hydro sponsert. Besucher dürfen den Platz kostenlos bis zu 14 Tage nutzen, Feuerholz gibt es günstig und die Kulisse der Berge ist sowieso unbezahlbar. Weil die Wandermöglichkeiten, der nahe Badeplatz am See und der Gletscherfluss nicht sofort zu entdecken sind, fahren die meisten Urlauber aber ahnungslos weiter. Wer viele Monate unterwegs ist, seine Kasse im Blick behalten muss und noch dazu den Austausch mit anderen Weltenbummlern genießt, kennt diese Sorte von Campingplätzen. Es ist ein guter und preiswerter Ort zum Verweilen. Die Temperaturunterschiede der letzten 134 Kilometer kommen uns vor, als hätten wir im Frühling die Alpen durchquert und wären Mitte August am Gardasee angekommen. Heiß ist es hier! Die Vegetation ist wüstenähnlich. Wilder Salbei wuchert überall und verströmt einen würzigen Duft. Grillen zirpen und es zieht uns gleich an den Seton Lake zum Baden. Der See ist von steilen Bergmassiven umgeben, nur an der rechten Seite schlängelt sich ein Gleis entlang, auf dem 363 Tage im Jahr eine kleine Bahn die Verbindung zwischen Seton, einer überwiegend indianischen Ansiedlung und Lillooet, dem einzigen ernst zu nehmenden Örtchen in weitem Umkreis, herstellt. Man mag sich die Bahn nicht im Winter vorstellen. An den steilen Hängen gibt es keine Lawinenschutzgitter. Winzig, wie eine Spielzeugeisenbahn wirken die Wagen vor der Bergkulisse, die sich dahinter auftürmt.

Das Baden und unbekümmerte Spielen im Wasser tut uns allen gut. Auch den Hund können wir hier ohne Sorge springen lassen, sind wir doch fast allein am Seeufer. Nur auf dem Rückweg zum Campingplatz treffen wir Wanderer, die wegen eines Bären den Weg ändern mussten und uns auf die Gefahr hinweisen. Etwas wachsamer, den Hund an der Leine, gehen wir ohne Zwischenfälle zurück. Schilder warnen uns vor Bären und Pumas. Sie erinnern daran, dass man in der Natur aufmerksam sein muss. Die Verantwortung für das eigene Handeln zu lernen und zu übernehmen, ist wichtig. Wir sind in vielen

Bereichen lernend wie Kinder. Es macht Spaß, denn der Horizont und das Wissen erweitern sich fast täglich. Vor Jahren waren wir als Leiter mit einer Jugendgruppe unterwegs. Damals waren wir überrascht, dass nicht eines der Stadtkinder ein Feuer entfachen und am Brennen halten konnte. Angesichts funktionierender Fernheizungen ist dies in deutschen Städten auch nicht überlebenswichtig. Dafür kannten diese Kinder eine U-Bahn und konnten den Fahrkartenautomaten der Deutschen Bahn bedienen, der jedes kanadische Landkind zur Verzweiflung treiben würde. Wir sind froh, dass Nora beides lernen wird.

An den Abenden sitzen wir so oft es geht am Feuer zusammen. Das Licht zum Lesen fehlt, Erzählen ist angesagt und immer mehr entkommen wir dem inneren Gefühl, etwas tun zu müssen. Es ist gut, einfach still zu sitzen, das Knistern des Holzes zu hören, den Wind und die Sterne wahrzunehmen. Wir rücken zusammen und lassen einander teilhaben an Gedanken und Erlebnissen. Tausende von Jahren wurde auf diese Art menschliche Geschichte, Glaube und Philosophie weitergegeben.

Das Wetter kippt über Nacht. Auf den Bergen fällt Neuschnee, selbst im Tal wird es empfindlich kühl und vor allem ungemütlich. Es ist der fünfte September. Ist dies schon ein Vorbote auf den Winter? Wir hoffen ja noch auf einen Indian Summer mit Farbenpracht und Wanderwetter. Unsere Nachbarinnen auf dem Campingplatz, zwei junge Frauen, haben unsere ungeteilte Bewunderung. Bei Kälte und Regen bewohnen sie ein winziges Zelt, verstauen ihre Lebensmittel und Zahncreme abends im bärensicheren Metallcontainer und machen am Feuer hüpfend einen fröhlichen, lebendigen Eindruck. Der komfortable Rückzugsort des Campers ist uns da fast peinlich. Aber nur fast, denn jeder entscheidet selbst, was ihm wichtig ist. Das bestätigt sich, als wir weitere Langzeitreisende auf dem Platz kennenlernen, ein deutsches Ehepaar um die fünfzig, seit fünf Monaten unterwegs. Erst vier Mal konnten sie in dieser Zeit kurze Hosen anziehen und nun kippt das Wetter schon wieder! Sie nehmen es humorvoll und wollen weiter nach Süden fahren. Im Winter nehmen die meisten Weltenbummler den Weg von Kanada über die USA nach Mexiko und Südamerika, bevor sie wie Zugvögel im nächsten Mai wieder Richtung Norden und Alaska unterwegs sind. Als wir die beiden nach ihrem Motiv für ihr Unterwegssein fragen, bekommen wir eine klare und überzeugte Antwort: »Wir haben in der Wirtschaftskrise einen richtigen Batzen Geld an der Börse verloren. Mit dem Rest wollten wir etwas Sinnvolles anfangen.« Ob es denn wirklich sinnvoll sei, mit einem Campingbus von Alaska über Kanada in den Süden Amerikas und weiter durch die Welt zu reisen, fragen wir etwas provokant. »Ja, denn hier erleben wir etwas. Wir sind aufeinander angewiesen, das macht Probleme miteinander klein statt groß. So lernt man sich selbst und den anderen immer besser kennen. Die Wertigkeiten verschieben sich. Lieber leben wir einfach und dafür unabhängig als wohlsituiert, bequem in unseren Sesseln und immer in Sorge vor dem nächsten Wirtschaftscrash. Soll er kommen, dann können wir immer noch darauf reagieren oder uns Sorgen machen. Wir wollen uns nicht mehr im Voraus sorgen und darüber das Leben vergessen«, antworten sie uns. Ein anderer Auszeiter aus Deutschland, der an unserer Gesprächsrunde teilnimmt, hat leider keine Zeit für eine längere Unterhaltung. Er muss die Reiseroute planen. Sein »round the world trip« ist genau getaktet. Er hat keine Zeit in der Auszeit. Das ist schon merkwürdig. Es gibt offensichtlich Weltenbummler und Weltensammler. Während die einen sich treiben lassen, folgen die anderen ihrem Plan, haben es oft eilig und setzen Häkchen hinter die »gesammelten« Ziele.

Diese unterschiedlichen Herangehensweisen an und Ziele für Sabbatzeiten sind spannend. Wir genießen in diesen ersten Wochen vor allem das Ungeplante. Je nach Wetter, Bauchgefühl und interessanten Begegnungen legen wir Route und Verweildauer gemeinsam fest. Nora hat volles Mitspracherecht. Auch ein besonders schöner Platz zum Spielen mit ihren geliebten Schleich-Tieren (Spieltiere aus Hartgummi) kann ein Argument zum Bleiben sein. Wir sind begeistert, welche

Kreativität sie beim Aufbau von Spiellandschaften entwickelt. Keiner von uns vermisst einen Fernseher, stattdessen haben wir Bücher mitgebracht und schätzen die Tagebücher als stille Begleiter.

In Lillooet gibt es viele *First Nations*, Angehörige des Stammes der Tlingit, die in Stammesgebieten jagen oder Lachse fangen und in Indianersiedlungen wohnen. Auf großen Schildern lesen wir das Angebot, sich von Stammesangehörigen zum Lachsfang und traditionellen Essen mitnehmen zu lassen. Da wir allein weder die Fangstellen noch die Reservate betreten dürfen, erkaufen wir uns die Nähe der Urbevölkerung und ein besonderes Erlebnis dazu.

Unvergessen bleibt unsere spontane Begegnung mit einem alten Indianer und dessen Enkel, die wir auf wunderschön bestickten Satteldecken auf einem schmalen Weg neben der Straße reiten sehen. Da wir keine Hinweisschilder gesehen haben, uns aber sicher sind, bereits in der Nähe des beschriebenen Treffpunktes für den Lachsfang zu sein, fragen wir den Alten nach dem Weg. Wortreich beschreibt er uns in brüchigem Englisch die nächste Abbiegemöglichkeit und schickt uns auf einem abenteuerlichen Weg den nächsten Berg hinauf. Vertrauensvoll folgen wir seinen Anweisungen, um aus luftiger Höhe festzustellen, dass uns der alte Gauner ganz bewusst in die Irre geschickt hat. Als wir etliche Zeit später endlich bei der Indianerin ankommen, die »Lachstouristen« begleitet, schildern wir ihr empört unser Erlebnis. Sie nimmt uns freundlich in Empfang, bleibt völlig gelassen und meint: »Ach, einige unserer Alten finden es nicht gut, wenn wir Weiße mit in das Territorium des Reservates nehmen. Sie finden, die Weißen haben uns schon genug Unglück gebracht und der Lachsfluss ist für die Indianer eines der letzten Rückzugsgebiete.« Wir finden es etwas befremdlich, ein Streitpunkt innerhalb eines Stammes zu sein: Während die einen Indianer Geld mit den Touristen verdienen, schicken die anderen diese in die Irre, weil sie ungestört sein wollen. Gemeinsam mit unserer Begleiterin gehen wir einen Pfad zum Fluss hinab. Ihren indianischen Namen haben wir uns zweimal sagen lassen –

mussten aber resigniert feststellen, dass er für uns unaussprechlich bleibt. Aber der Spaziergang erweitert unser Wissen rund um den traditionellen Lachsfang der *Natives*. Aus der Ferne dürfen wir zusehen, wie mit großen Köchern oder auch mit Speeren in den Stromschnellen nach Fischen geangelt und harpuniert wird. Es ist ein gefährliches Unterfangen, denn der Fraser tobt und schäumt schlammig braun zwischen den Felsen. Wer hier das Gleichgewicht verliert, hat auch als guter Schwimmer Probleme, wieder ans Ufer zu kommen. Deshalb binden sich die Männer meistens mit einem Seil fest und reichen die gefangene Beute gleich an ihre Frauen weiter. Diese filetieren den Fisch und hängen die rosafarbenen Fleischstreifen unter Planen oder Zweigen in vorbereitete Holzgestelle. So trocknet das kostbare Nahrungsmittel an der Luft. Selbst nachts werden die Gestelle bewacht, um den Bären kein Futter zu überlassen. Wir dürfen uns selbst davon überzeugen, wie lecker frisch gefangener *Sokeye-Salmon* schmeckt. In einem kleinen Holzhaus wird für uns ein unglaublich gutes Essen zubereitet. Wir haben derweil Zeit, am Holztisch vor der Hütte das gigantische Panorama zu genießen. Der Fraser River Canyon ist von steilen Bergen gesäumt. Flirrend heiß ist es. Salbeibüsche und krüppelige Kiefern krallen sich in den kargen, steinigen Boden. Der Duft aus der Hütte verheißt ein leckeres Essen. Stolz trägt die Köchin eine Platte mit dunkelrosa Lachs heraus, der mit frischen Kräutern gewürzt ist. Fast noch besser ist das ofenwarme *Bannok*. Die Teigfladen werden wie zur Zeit der Ahnen aus einfachsten Zutaten bereitet. Heute serviert man sie uns warmgehalten im modernen chinesischen Reistopf. Die Nationalitäten in Kanada sind eben extrem vielfältig und jeder bringt seine Besonderheiten und kulturellen Errungenschaften mit.

Als wir wieder aufbrechen, lockt uns ein originelles Holzschild mit der Aufschrift »Honig zu verkaufen« nochmals zu einem Zwischenstopp. Der Imker heißt Steve, lebt seit etlichen Jahren im Fraser Canyon und lässt Nora den Honig aus großen kupfernen Kesseln selbst in ein Glas füllen. In seinem Holzhaus kann man sich kaum satt sehen.

Von der Decke hängen Imkerutensilien, an der Wand ein Bären- und Koyotenfell, Trophäen von Tieren, die er gleich hinter dem Haus geschossen hat. Er erzählt uns, dass die Bären auf der gegenüberliegenden Flussseite weit ins Tal herabkommen und sicherlich Appetit auf die getrockneten Lachse der Indianer haben. Wenn man durch die kargen Salbeibuschhänge streift, sollte man auch aufmerksam sein, denn die Klapperschlange, die präpariert zwischen Honigbären und Kerzen auf seinem Fensterbrett liegt, ist ebenfalls von hier. Wer hätte das gedacht. Es ist richtig spannend, sich Zeit für so eine Entdeckungsreise im unspektakulären Hinterland zu nehmen. Weil wir keinem festgelegten Routenplan folgen müssen, haben wir Freiraum für derartige Erlebnisse und können unsere Neugier voll ausleben.

Irgendwann wird es doch Zeit, Richtung Norden aufzubrechen. Aufbrüche wecken immer noch Erinnerungen an den großen Aufbruch aus Deutschland. Wir haben so viele Dinge weggegeben. Es hat Spaß gemacht, Sachen auszusortieren und uns auf das zu konzentrieren, was wir behalten wollten. Dennoch war es ein großer Einschnitt, der auch wehgetan hat. Nora wünscht, wir könnten nach dem Sabbatjahr wieder in unser schönes Haus mit Garten am Rande Stuttgarts einziehen. Doch dieses Zuhause gibt es nicht mehr. Wie sollen wir trösten? Wer aufbricht, der muss mit dem Risiko leben, dass der nächste Ort oder Platz eben nicht so schön sein wird wie der vorhergehende es war. Möglicherweise ist der nächste Platz aber auch viel schöner und du ärgerst dich, nicht früher losgezogen zu sein. Die Hoffnung auf Gewinn und die Angst vor Verlust liegen nahe beieinander.»Ob eine Sache gelingt, erfährst du nicht, wenn du darüber nachdenkst, sondern nur, wenn du es ausprobierst«, steht auf der Karte, die uns unsere älteste Tochter Janine zum Abschied ins Reisegepäck geschoben hat. Ab und zu holen wir diese Karte hervor und freuen uns an der Weisheit und Kraft der geschriebenen Worte. Wir haben Ja zum Aufbruch gesagt, daran wollen wir uns immer wieder gegenseitig erinnern.

Am späten Nachmittag ist es so weit. Wir haben die Hat Creek Ranch, 306 Kilometer nördlich von Horseshoe Bay erreicht und folgen nun der Route des Goldrush-Trail von 1863. Hier kamen die Goldsucher auf ihrer anstrengenden Reise in den Norden, zu Fuß oder mit Pferden, in Scharen vorbei. Während damals in Europa längst ein komfortables und zivilisiertes Leben möglich war, bezahlten die Männer hier die Badewanne im Rasthaus nach dem Zustand des Wassers, das sich darin befand. Hatten schon viele Männer vor ihnen das Wasser im Zuber genutzt, war die Wanne zwar nicht mehr sauber und warm, aber erschwinglich. Frauen waren in der Zeit des Goldrausches selten und begehrt im wilden Westen, Kinder die Ausnahme und die Menschen waren aufeinander oder auf ihre Outdoorkenntnisse angewiesen, um zu überleben. Cowboy und Goldgräber (Miner) waren gängige Berufe, mit denen sich Geld verdienen ließ. Uns kommt es vor, als wäre das erst gestern gewesen. Man darf sich vom rasanten Wirtschaftswachstum im Großraum Vancouver nicht täuschen lassen. Abseits der Städte und touristischen Routen sind die Relikte der Vergangenheit nicht museal, sondern reales Leben.

Für Olaf hat das Jahr in Kanada viel mit einem Kindheitstraum zu tun. Schon viele Jahre träumt er davon, reiten und den gelassenen Umgang mit Pferden zu lernen. Als kleiner Junge sparte er sein ganzes Taschengeld, um ein wunderschön geschnitztes Fohlen zu kaufen. Diese Figur hat ihn all die Jahre begleitet, ist vom Osten in den Westen, von Hessen nach Württemberg gezogen und liegt jetzt gut verpackt in einer Umzugskiste mit persönlichen Dingen, die bei Freunden auf unsere Rückkehr wartet. Reiten ist im Westen Kanadas auf vielen Farmen kein elitäres Hobby, sondern die beste Möglichkeit, Kühe zu treiben und Ländereien zu verwalten. Dementsprechend trifft man kaum Reiter im englischen Sattel, wohl aber im robusten Westernsattel, die Füße in Cowboystiefeln und den Hut tief in die Stirn gezogen.

Auf der Hat Creek Ranch haben Olaf und Nora erstmals die Gelegenheit, auf gescheckten Indianerpferden in die hügeligen, prärieähnlichen Berge auszureiten. Milan ist ihr Guide, die Chefin der kleinen Reitgruppe. Die junge Frau erkennt auf den ersten Blick Noras Tierliebe und bezieht unsere Jüngste gleich mit ein, als die Pferdeherde auf die Weide gebracht werden muss. Als sie einige Stunden später auf die Ranch zurückkommen, dokumentiert das breite Lächeln im Gesicht der Reiter den vollen Erfolg dieses ersten Ausrittes. Weil wir Zeit haben und nur wenige Gäste außer uns da sind, entschließen wir uns zu bleiben.

Abends am Feuer haben wir gute Gespräche mit dem Cowgirl Milan und ihrem Chef, dem Besitzer der Pferdeherde. Es ist erstaunlich, dass uns der vom Highway 97 herüberdringende Straßenlärm überhaupt nicht stört. Normalerweise sind wir diesbezüglich im Urlaub wirklich eigen. Wenn wir schon bewusst in die Wildnis gehen, dann wollen wir keinen Straßenlärm hören. Heute Abend ist es anders. Vielleicht haben wir inzwischen akzeptiert, dass in diesem weitläufigen Land Straßen lebensnotwendige Versorgungsadern sind. Auch wir profitieren von ihnen und die Goldsucher vergangener Zeiten wären glücklich gewesen, einen Bruchteil davon benutzen zu können.

Zwei Tage später und einige Kilometer weiter nordwärts sitzen wir nicht mehr am Feuer. Das Thermometer zeigt um die null Grad, der Wind fegt über den Bowron Lake und wir sind froh über das gemütliche Wohnmobil, indem wir mit batteriebetriebenem Licht trotz der nächtlichen Dunkelheit noch lesen und den Tag in unseren Tagebüchern festhalten können. Und was für ein Tag! Vielleicht sollte man theatralisch schreiben: »Hurra, wir leben noch!« Unspektakulärer klingt es so: Wir haben den ersten Grizzly erlebt. Und zwar näher, als uns lieb war! Aber der Reihe nach ...

Das Ganze begann damit, dass wir uns schon lange auf einen Stellplatz auf dem wunderschön gelegenen Campingplatz der Beckers Lodge gefreut hatten. Die Lodge liegt unmittelbar am Eingang des

Bowron Lakes Provincial Park, ungefähr 800 Kilometer nördlich von Vancouver. Auch bei dem gelassenen kanadischen Fahrstil ist das eine ziemlich anstrengende und lange Reise. Sie lohnt sich dennoch, denn außer dem Naturparadies des Provinzparks kann man auch den Museumsort Barkerville mit seiner Geschichte der Goldgräberzeit sowie das davor liegende Künstlerörtchen Wells besuchen. Der Bowron Lake Canoe Circuit zählt zu den zehn schönsten Kanurevieren weltweit. Das Gebiet ist in einem weitläufigen 116 Kilometer langen Zirkel zu befahren, der mit einigen Portagen von See zu See leitet. Hier erlebt man pure Wildnis. Begegnungen mit Elch, Biber, Karibu, Grizzly oder Schwarzbär sind garantiert. Im Sommer ist der Zugang zum Kanurevier streng reglementiert. Dann sind die Campingplätze ausgebucht. Jetzt, zum Ende der Saison, gibt es sicher freie Stellplätze.

Beckers Lodge, der definitiv schönste Platz, ist ein wunderbar gelegenes, sehr gepflegtes Gelände. Der deutschstämmige Besitzer kann sich in dieser Monopollage auch eine gewisse Schrulligkeit leisten. Dass wir allerdings unseren Hund nicht mal an der Leine auf's Gelände mitbringen dürfen, kommt unerwartet. Daher entscheiden wir uns wohl oder übel, den benachbarten, ziemlich heruntergekommenen Platz eines kanadischen Besitzers zu beziehen. Dort haben wir freie Platzwahl, denn außer uns ist niemand da, obwohl das Seeufer frei und die Sicht auf Berge und Bowron Lake bilderbuchschön ist. Während wir das Auto am Ufer parken, entdeckt Nora im nahe gelegenen Abfluss des Sees große, rote Lachse. Sie schlagen heftig mit ihren Flossen, um sich der Strömung zum Trotz noch einige hundert Meter weiter den Fluss hinauf zu bewegen. Es ist ein faszinierendes Schauspiel, ein Überlebens- und Todeskampf gleichermaßen. Die geschwächten Lachse laichen und versuchen mit letzter Kraft den geeigneten Platz zu finden. Manche liegen tot im flachen Uferwasser. Fast andächtig schauen wir zu und stellen uns die Lebensreise vor, die hinter ihnen liegt. Das ist etwas ganz Besonderes. Noch nie zuvor haben wir dieses Lachs-Schauspiel selbst miterlebt. Also holt Olaf die Kamera aus dem Auto und wir arbeiten uns parallel zum Ufer zu einer kleinen Holzbrücke vor, die den Fluss in etwa zwei Metern Höhe überquert. Von hier aus ist der Überblick wunderbar und wir ahnen schon: wo Lachse, dort Bären. Jetzt schärfen wir unsere Wahrnehmung. Als hätte er auf uns gewartet, kommt fünfzig Meter flussabwärts ein Bär aus dem Walddickicht und angelt im Fluss nach den Lachsen. Wir sehen zu, freuen uns über dieses außergewöhnliche Schauspiel und machen Fotos, bis der Bär schließlich wieder im Dickicht verschwindet. Beeindruckt setzen wir uns auf die Holzplanken der Brücke, genießen die tiefe Stille und warten, ob sich noch einmal ein Bär zeigt. Plötzlich ein kleines Geräusch unmittelbar unter uns. Mehr aus einer Ahnung heraus steht Olaf auf. Vom Rand aus kann er direkt unter der Brücke den Bären sehen. Es ist ein Grizzly. Wie der so lautlos dorthin gekommen ist, bleibt uns verborgen. Ganz leise gehen wir zum Geländer, wähnen uns als unbeteiligte Beobachter und Olaf macht ein Foto des imposanten Tieres auf seiner Lachssuche. Ob es das Klick des Fotos war oder die Sorge des Bären, wir könnten ihm seinen Lachsfang verderben, wir wissen es bis heute nicht. Was wir jetzt wissen, ist, wie schnell so ein Bär plötzlich aus dem Wasser, die Böschung nach oben kommen kann und wie groß er wirkt, wenn er sich auf zwei Beinen aufrichtet. Wir stehen wie erstarrt. Jede Bewegung scheint zu viel zu sein. Aruna, unsere Hündin, ist an der Leine ebenso bewegungslos wie wir und gibt keinen Laut von sich. Vielleicht war das unser Glück. Nach unglaublich langsam verstreichenden Sekundenbruchteilen lässt sich der Grizzly wieder auf alle vier Beine fallen und verschwindet im Wald. Er war keine fünfzehn Meter entfernt. Jetzt warten wir nicht mehr auf weitere Bären. Der Abenteuerbedarf für diesen Tag ist mehr als gedeckt und Beate muss auch den mutigeren Teil der Familie nicht vom Rückzug überzeugen. An diesem Abend gehen wir auch nicht mehr im Dunkel über den menschenleeren Platz. Ein großes Feuer wird geschürt und später ziehen wir der Kälte wegen das Wohnmobil für unsere gemütliche Runde vor – vielleicht kam die

Kälte genau zur rechten Zeit, sonst hätten wir auf jedes Knacken geachtet. Als wir die Fotos auf dem Laptop anschauen, stellen wir fest, dass es kein Bild vom stehenden Bären gibt. Olaf hatte ihn perfekt im Sucher, doch er war sich nicht sicher, ob das Geräusch des Auslösers das letzte Geräusch gewesen wäre, was wir gehört hätten. Gut, dass er es nicht getestet hat!

Wir bleiben noch zwei Tage am See. Die Gegend ist traumhaft schön, auch wenn Beates Wohlfühltemperatur nicht mehr erreicht wird. Hier ist eindeutig Herbst und der Winter liegt schon in der nördlichen Luft. Wir sind beeindruckt von einer Gruppe Senioren. Die älteren Leute machen sich, robust angezogen, die Kanus im Schlepptau, auf den Weg zu einer Kanutour. Sieben Tage wollen sie unterwegs sein. Beate und Nora frieren bereits bei dem Gedanken an eiskaltes Spritzwasser und den Wind auf dem Wasser. Kanufahren haben wir bisher mit Sommer, Sonne und Badelaune verbunden. Die pensionierten Lehrer jedoch sind unerschrocken. Sicher haben sie das Blut der Pioniere des Westens in sich.

Dem Reiz der alten Goldgräberzeit erliegen wir spätestens am nächsten Vormittag, als wir durch Barkerville Historic Town schlendern. Das Museumsdorf liegt 27 Kilometer vom Bowron Lake Provincial Park entfernt am Highway 26, der einzigen Straße, die das Gebiet mit dem Alaska Highway und der 90 Kilometer westlich gelegenen Kleinstadt Quesnel verbindet. Nach dem berühmten Goldfund von Billy Barker 1862 entwickelte sich hier in wenigen Monaten ein Ort aus Hotels, Schmieden, Pferdeställen, Handwerksbetrieben, Saloons und Restaurants. Er soll zur damaligen Zeit der größte Ort westlich von Chicago und nördlich von San Francisco gewesen sein, was man sich heute kaum vorstellen kann. Wie viele andere Städtchen blühte Barkerville nur so lange, wie Gold gefunden wurde, und verkam danach zur Geisterstadt. Dank einer Initiative der Provinzregierung wurde es 1958 zum Museumsdorf erklärt und liebevoll restauriert. Heute zählt Barkerville Historic Town zu den bedeutendsten Sehenswürdigkeiten in Westkanada und lockt im Sommer Tausende von Touristen und Einheimischen zu einem Besuch in die Cariboo Mountains. Über 120 historische Gebäude sind rekonstruiert worden und werden von Schauspielern in alten Gewändern betreut, die mit Begeisterung die Zeit des Goldrausches nachspielen. Im Theatre Royal können wir uns kaum satt sehen und hören. Das Ensemble spielt mitreißend, stimmgewaltig und bei dem Abschlusslied »Cariboo, the Country of Gold« fühlen wir uns seltsam tief bewegt. Hat uns dieses Land in den wenigen Wochen schon in seinen Bann gezogen? Ist es der Geist des Aufbruchs, die Hoffnung der Goldgräber, die Weite der Natur, die uns so anrühren? Wir suchen auf gewisse Weise ebenfalls nach Gold, dem Gold unseres Lebens. Was sind unsere Werte, wofür sind wir bereit, auf Luxus, Geborgenheit und Sicherheiten zu verzichten? Gut, dass wir Zeit haben, uns den Fragen offen zu stellen und dass wir jetzt sofort noch keine Antworten brauchen. Sie werden sich einstellen, dessen sind wir uns sicher.

Historisch interessant sind der Durchhaltewille und die starke Vision von Billy Barker. Er hatte eigentlich keine Chance, Gold zu finden. Als er 1862 in den Cariboo Goldfields ankam, waren die besten Claims längst abgesteckt. Er aber grub mit seinen Partnern an der Stelle weiter, die ihm lohnend erschien, obwohl die anderen Goldgräber sich darüber die Mäuler zerrissen. Wir gönnen ihm von Herzen den spektakulären Goldfund von über einer halben Million Dollar. Billy Barkers Fund macht Mut, sich selbst zu trauen und sein Vorhaben nicht vorschnell aufzugeben, auch wenn die Ausgangsbedingungen schlecht sind.

In der Bäckerei des Ortes kaufen wir schließlich leckeres Sauerteigbrot und setzen uns entspannt mit einem Pott Kaffee und einem Stück Kuchen in der Hand auf die Holzstühle vor dem Laden. An diesem Platz können wir uns gut einfühlen in das deutlich langsamere Leben der vergangenen Zeiten. Als hätte er nur darauf gewartet, umflattert uns ein Schmetterling und lässt sich schließlich auf dem Henkel der

Tasse nieder. Ein Bild voller Symbolkraft. So stellen wir uns Sabbat vor: anhalten, Schönheit wahrnehmen, in der Zeit sein, voller Aufmerksamkeit im Augenblick verweilen und eine Ahnung von Ewigkeit spüren. Für uns ist der Alltag gerade ein Festtag geworden. Der Schmetterling tut uns den Gefallen und lässt sich ebenfalls Zeit. Ohne Eile können wir wunderschöne Fotos von dieser Szene machen und sind uns sicher, sie sind ein Sinnbild für »Gold des Lebens«, nach dem sich viele Menschen sehnen.

Nora ist absolut begeistert vom Leben in Barkerville. Sie hat sich für den Besuch extra ausgestattet. In Lederstiefeln und kariertem Kleid, ein grob gestricktes Umschlagtuch um die Schultern, stiefelt sie die Hauptstraße entlang und schaut unbefangen zu, wie der Schmied den Blasebalg antreibt, ein alter Holzofen befeuert wird und im General Store Schokoladenpralinen verziert werden. Sie passt so gut zur Umgebung, dass andere Besucher sie als Fotomotiv wählen und glauben, sie gehöre mit zum Team der Schauspieler. Dass die Saison so gut wie gelaufen ist, merkt man daran, dass an diesem Tag nur wenige Besucher kommen. Anfang September gehen in British Columbia die Sommerferien zu Ende. Für Nora beginnt der Unterricht mit einer Einzelstunde im historischen Schulhaus am Williams Creek. Die Lehrerin, Mrs. Hall, zieht auch mit nur einer Schülerin den Unterricht im alten Barkerville-Schulhaus sehr streng durch. Da werden die Fingernägel auf Sauberkeit kontrolliert, beim Antworten ist es üblich aufzustehen und auch der Knicks für den Abschied wird geübt. Auf unterhaltsame Weise lernt Nora, wie das Lernen vor einhundert Jahren funktionierte und dass damals ganz andere Dinge wichtig waren als heute. Auch ohne große Englischkenntnisse kann sie sich mit Gesten verständigen und den Anweisungen von Mrs. Hall folgen. Nach einer Stunde meint sie begeistert: »Hier würde ich am liebsten richtig mitleben und spielen wie vor hundert Jahren.« Der Schulauftakt ist also vollkommen gelungen! Das mindert die Sorge um die Verständigungsmöglichkeiten und macht uns alle neugierig auf die kanadische

Schule im Jahr 2010, die für Nora in wenigen Tagen beginnen wird. Wir haben die Formalitäten schon im Frühsommer von Deutschland aus geklärt und wissen, dass Noras künftige Schule am Highway 24 liegt, fünf Stunden Autofahrt südlich von Barkerville. Dort, in der Nähe von Bridge Lake, haben wir durch eine spontane Begegnung eine Pferderanch gefunden, die vorerst unser neues Zuhause werden soll. Da wir das alte Ranchhaus erst am 15. September beziehen können, bleibt uns aber noch etwas Zeit und wir freuen uns an den vielfältigen Erlebnissen, die wir bis dahin noch sammeln können.

Am späten Nachmittag ist der Kopf voll mit Eindrücken, was man vom Magen nicht behaupten kann. Also fahren wir weiter ins acht Kilometer entfernte Örtchen Wells. Der Kühlschrank im Camper ist inzwischen fast leer. Wir sind viele Kilometer vom nächsten größeren Supermarkt entfernt und die Dosen im Tankstellen-Geschäft von Wells lösen keinen Kochimpuls aus. Da kommt uns das einladende, hellblaue Holzschild am Straßenrand wie gerufen. Es weist auf das bunte kleine Bears Paw Café hin. Ob das Essen ebenso einzigartig ist? Problemlos parken wir neben dem Haus. Selbst mit einem riesigen Wohnmobil braucht man keine Sorgen um einen Parkplatz zu haben. Die Kanadier haben Platz und Geduld, falls das Einparken mal etwas länger dauert. Im Bears Paw Café gibt es eine leckere Abendkarte und Noras Augen glänzen, als sie ihr Lieblingsessen, frischen Lachs, wenig später duftend vor sich stehen hat. Die Kellnerin findet trotz vollem Haus Zeit für einen Scherz und um zu fragen, woher wir kommen. Wir haben das gute Gefühl, willkommen zu sein. Da es schon spät ist, empfehlen uns Dave und Cheryl, die Besitzer des Cafés, den Stellplatz hinter ihrem kleinen Haus für die Übernachtung zu nutzen. Wie passend! Da niemand mehr fahren muss, haben wir sogar Muse, noch einen guten kanadischen Wein im Café zu trinken und auf dem Flachbildschirm über der Theke Daves Fotos zu bewundern. Wie sich herausstellt, ist er nicht nur Besitzer einer Goldmine, sondern auch Inhaber einer Outdoor-Reiseagentur mit dem Namen »White Gold

Adventures«. Er schwärmt vom Winter und vom Schnee, dem weißen Gold des Cariboo. Seine Spezialität sind geführte Touren über die zugefrorenen Seen des Bowron Lakes Provincial Park. Olafs Ohren werden sichtbar größer, als er von Übernachtungen in der Schneehöhle, Schneeschuhtouren und Abenteuern in der Wildnis hört. Lange fachsimpeln Dave, der kanadische Outdoor-Experte, und Olaf, der deutsche Erlebnispädagoge, an diesem Abend über den Gewinn eines Lebens abseits ausgetretener Pfade. Am nächsten Morgen erzählen uns Dave und Cheryl von versteckten Wanderpfaden auf die umliegenden Berge. Sie kennen sich aus, organisiert Dave doch jedes Jahr den bekannten »Seven Summit Race«, ein Rad-Hiking-Event der Sonderklasse. Sieben Gipfel müssen in einer bestimmten Zeit erfahren und erstiegen werden. Uns interessiert nur einer davon, der 1993 Meter hohe Mount Murrey, den man über den Jubilee Trail erreichen kann.

Da uns die Kanadier Kartenmaterial, Wegbeschreibung und sogar Mützen und Handschuhe ausleihen, gibt es kein Zögern mehr: Wir bleiben noch einen Tag in Wells, um den Jubilee Trail zu wandern. Cheryl schreibt sich auf, um welche Zeit wir zurück sein sollten, und wir brechen auf, versorgt mit Proviant für unterwegs, Instruktionen für die Strecke und dem guten Gefühl, dass jemand nach uns suchen würde, sollten wir nicht rechtzeitig zurück sein. Der Einstieg zum Trail befindet sich etliche Kilometer außerhalb des Ortes und ist schnell gefunden. Die Strecke selbst ist spannend. Ein schmaler Trampelpfad windet sich durch mannshohe Blumenwiesen, in denen man von Nora nur noch die Kopfbedeckung sieht, über verrottete Holzbrücken und Bretter durch sumpfiges Dickicht. Dann steigt er stetig an, folgt einem kleinen Bachlauf und verlässt den Wald. Wunderschöne alpine Wiesenhänge sind menschenleer. Auch Bären sehen wir nirgends, lediglich die Adler kreisen hoch über uns. Mit jedem Höhenmeter wird die Aussicht besser. Wir sehen weit ins Tal hinunter Richtung Wells und wissen hinter den nächsten Bergketten die Seen des Kanureviers. Es scheint, als wären wir allein auf der Welt. Kein einziges Flugzeug ist am Himmel zu sehen, nicht ein Kondensstreifen zeugt von Eindringlingen in die abgelegenen Gebiete. Dafür ziehen Wolken heran. Dicke, grauschwarze Berge türmen sich über uns auf und man sieht die blassblauen Fäden der Regenschauer wie Vorhänge über das Land ziehen. Wir haben Glück. Unser Berg bleibt trocken, sogar die Sonne kommt kurz zum Vorschein und verstärkt mit ihrem Strahlen die dunklen Farben der Wolken. Es sieht bedrohlich schön aus. Wir wissen, dass wir nicht zu lange auf dem Gipfel bleiben können, suchen uns einen windgeschützten Platz und genießen bei umwerfender Aussicht Cheryls Sandwiches.

Auf dem Rückweg verpassen wir den Einstieg zum Abstieg, obwohl wir uns ein Zeichen an eine kleine Kiefer gebunden hatten. Egal, wir müssen ins Tal, der Weg wird schon zu finden sein. Auf abenteuerliche Weise rutschen wir förmlich den steilen Hang hinunter. Man findet schwer Halt im Geröll. Was, wenn sich jetzt einer den Fuß verstaucht? Also verlangsamen wir das Tempo, setzen behutsam unsere Schritte, halten Ausschau nach dem verlorenen Pfad und finden ihn schließlich etliche Meter neben unserer Abstiegsstelle. Erleichtert kommen wir einige Stunden später wohlbehalten bei unserem Wohnmobil an. Es fühlt sich an wie »nach Hause kommen« und wir sind stolz auf unsere erste ernstzunehmende Bergtour. Am Abend gibt es eine Überraschung im Bears Paw Café. Wir ergattern gerade noch einen Platz, denn heute findet eines der gefragten Konzerte im Café statt. Kultur hat in Wells einen besonderen Stellenwert. Viele Künstler leben hier. Schauspieler und Schausteller aus Barkerville wohnen während der Saison im Dorf. Sie alle arbeiten hart, um den Touristenstrom der wenigen Sommermonate für einen Verdienst zu nutzen, der sie durch den Winter trägt. Jetzt, Mitte September ist die Saison fast gelaufen, es wird Zeit, sich auch selbst wieder Kultur, ein gutes Gespräch und eine Begegnung im Café zu gönnen. So kommt es, dass wir inmitten von Einheimischen sitzen und erstmals die wunderbaren Songs von Yael Wand hören. Wir sind begeistert. Eingängige Melodien, gekonntes Gitarrenspiel, eine professionelle Stimme und dazu eine offene, humorvolle Frau, die ihre Lieder mit kleinen Episoden aus ihrem Leben anmoderiert – und wir Greenhorns aus dem fernen Deutschland mittendrin. Später erfahren wir, dass Yael erst vor wenigen Jahren aus der Metropole Vancouver in die abgeschiedene Gegend der Cariboo Mountains gezogen ist. Wie kommt man als Sängerin auf diese Idee? Vermisst sie nicht die lebendige Großstadt und das milde Klima am Meer, wenn der Winter in den Bergen kein Ende nehmen will? Einige Fragen bekommen wir am nächsten Morgen beantwortet. Wir möchten gerne noch zwei CDs von Yael Wand kaufen. Da diese im Café ausverkauft sind, schickt uns Cheryl in den kleinen Weiler »New Barkerville«. Hier leben eine Handvoll Menschen und mitten unter ihnen in einem bunt gestrichenen, baufälligen Holzhaus die Sängerin mit Mann und Kind. Yael freut sich über den unerwarteten Besuch, lädt uns zum frischen Kräutertee ein und erzählt aus ihrem Leben. Es war die Liebe, die sie in den Norden zog. Die Liebe zu ihrem Mann, der in Wells wohnt und den Yael als Guide auf einer Kanutour über die Bowron Lakes kennenlernte. Aber es war auch die Liebe zu dieser einsam-überwältigenden Natur, die sie nicht mehr losließ. Sie muss uns nicht viel dazu sagen, wir können Yael verstehen. Dennoch kann Beate sich nur schwer vorstellen, mit einem Kleinkind 80 Kilometer bis zum nächsten Arzt zu fahren, den Einkauf auf einmal pro Woche zu reduzieren oder für einen Besuch bei der Familie elf Stunden im Auto zu sitzen. Es ist spannend, wie unterschiedlich Lebensentwürfe aussehen können, und ermutigend, dass man selbst an so einem entfernten Platz die Möglichkeit findet, wunderbare Musik zu machen und auch zu vermarkten. Yael empfiehlt uns eine Hörprobe neuer Lieder auf ihrer Website www.yaelwand.com. So können wir unseren Kindern in Deutschland ganz einfach unseren neuen Musikgenuss präsentieren. Über das Internet ist man sich auf eigentümliche Weise nah, obwohl Welten dazwischenliegen.

Langsam geraten wir trotz Sabbatjahr in Zeitnot. Die Schule ruft. Wir würden am liebsten länger in Wells und Umgebung bleiben. Es gibt noch so viel zu entdecken in diesen abgelegenen Bergen. Doch wir müssen den Camper in Richtung Süden bewegen. Ein allerletzter Spaziergang in Wells führt uns auf einen kleinen Hügel in der Ortsmitte. Ein Dutzend Holzhäuser, manche recht verfallen, andere bunt angestrichen, bilden zusammen mit der weiß-türkis leuchtenden kleinen Kirche eine Siedlung. Eine ältere Dame streicht hingebungsvoll ihr Haus in strahlendem Maigrün. Freundlich winkt sie uns zu, während ihr Golden Retriever in Aruna eine Spielgefährtin erkennt. Autos sind auf dem staubigen Fahrweg nicht in Sicht. Also können die Hunde miteinander tollen und wir kommen mit der Besitzerin ins Gespräch. Schnell wird deutlich, sie kennt sich aus im Ort. Bei ungefähr 200 Einwohnern im Sommer und lediglich 50 Menschen im Winter ist das nicht verwunderlich. Fran, wie sich unsere Gesprächspartnerin vorstellt, wohnt nicht das ganze Jahr über hier. Sie lebt monatelang in Whitehorse im Yukon und teilt sich den Sommersitz mit ihrer Tochter und deren Kindern. So erfahren wir, dass die Tochter etliche Jahre die Lehrerin in Wells war und erst im Sommer nach Quesnel umgezogen ist. Lehrerin in Wells zu sein, beinhaltet große Gestaltungsfreiheit und große Einsamkeit, denn ein Kollegium gibt es nicht. Die 17 Kinder des Ortes werden vom Kindergarten bis zur Klasse sieben gemeinsam unterrichtet. Nach Schulschluss wohnt man Tür an Tür mit ihnen. Bei aller Liebe zur Arbeit, das kann ganz schön anstrengend sein. Vielleicht ein wenig wie vor hundert Jahren? Fran ermuntert uns, die kleine Kirche zu besuchen, in der »Amazing Space«, eine einzigartige Kunstgalerie, untergebracht ist. Bill Horne und Claire Kujundzic, ein Künstlerpaar, arbeiten nicht nur hier, sondern die Kirche beherbergt Atelier, Wohnung und Ausstellungsraum in einem. Wir haben Glück, treffen Bill und er nimmt sich die Zeit, uns seine Drucke sowie die großformatigen Kunstobjekte seiner Frau Claire vorzustellen. Schnell wird uns klar, wir haben Idealisten vor uns, die ihre Kunst als Lebensart verstehen. Sie wollen mit ihrer Kunst Fragen stellen und provokant sein. In diesem Sinne sind sie un-artig. Ihnen ist offensichtlich wichtiger, zu wissen wofür als wovon sie leben. Claire setzt sich mit dem Thema der »Mountain Pine Beetle« Epidemie, der verheerenden Ausbreitung des Borkenkäfers in British Columbia auseinander. Seit den Neunzigerjahren haben sich die Käfer aufgrund von heißen, trockenen Sommern und fehlenden mehrwöchigen Dauerfrostperioden mit Temperaturen unter 30 Grad minus explosiv vermehrt. Riesige Waldflächen mit ausgewachsenen, gesunden Lodgepole Kiefern haben sich in braune Trockenholzfelder verwandelt. Es ist eine bedrückende Umweltkatastrophe, nicht zu reden von dem wirtschaftlichen oder touristischen Schaden. Gerade die tiefen, unendlichen Wälder des Nordens machen den Reiz der Wildnis aus. Experten diskutieren, ob der Klimawandel oder auch eine falsche Einschätzung der Forstwirtschaft die Ursache für die Borkenkäferplage ist. Fest steht, dass aufgrund immer besserer Technik deutlich mehr Waldbrände verhindert wurden, was wiederum zu einem großen Bestand reifer Bäume geführt hat – ein idealer Lebensraum für den Borkenkäfer. Claires Canvas-Installationen mit raumhohen Impressionen zum Kiefernwald und dem Zerfall der Stämme sind ein beeindruckendes Tribut an die Natur. Blaugrün, moosgrün und rostbraun, frei im Raum hängend wirken die Leinwände wie ein unwirklicher Zauberwald. In der Kirche hängt ein Teil der Ausstellung, die zu den olympischen Winterspielen in Vancouver Anfang des Jahres zu sehen war. Claire engagiert sich nicht nur für die Natur in ihrem geliebten Cariboo, sie war auch im Kampf um den Erhalt der kleinen Dorfschule in Wells aktiv dabei. Gerne würden wir sie selbst fragen, wieso ihr diese Schule so wichtig ist, dass sie bereit war, dafür in einen Hungerstreik zu treten. Leider ist sie gerade einkaufen in Quesnel. Aber auch die Themen mit Bill sind bei weitem nicht ausdiskutiert. Wir fühlen uns ihm nahe, als er uns erzählt, dass er gefragter Programmreferent in einem christlichen Bildungszentrum im Süden von British Columbia war und seinen Job kündigte, als er erkannte, dass die Arbeit ihn auffraß. Eigenartig, dass jemand die Notbremse für sich darin sieht, bei der Kirche auszusteigen und in eine Kirche einzuziehen. Unsere Gespräche bewegen sich von der Kunst zur Naturliebe, vom beruflichen Idealismus zur finanziellen Unsicherheit, von der Freiberuflichkeit zur Notwendigkeit eines Netzwerkes von Sponsoren. Einen Espresso trinken wir noch zusammen in der Kirche, bevor wir diesen Ort voller Lebensfreude gestärkt und bereichert wieder verlassen, um unsere Fahrt Richtung Süden anzutreten.

Viele Gedanken gehen uns durch den Kopf, während aus den Lautsprechern im Wohnmobil Yael Wands Lied »Silver and gold« klingt. Die Berge des Cariboo, die erstaunlichen Gespräche, die herzliche Gastfreundschaft haben uns geholfen, in einer anderen Welt anzukommen. Die Gemeinschaft von Wells lebt von engagierten, offenen Menschen wie Cheryl und Dave, von Fran, Yael, Bill oder Claire und sie stellt uns die Frage: »An welchen Menschen willst du dich orientieren?« Wir sind alle drei einer Meinung: An diesen Ort kehren wir noch einmal zurück! Schließlich haben wir ein Jahr lang Zeit.

Mehr vom Weniger

Voller Erwartungen, mit einem staubigen Wohnmobil und einem schlafenden Hund rollen wir zwei Tage später auf das Gelände der Pferderanch. Wir werden von den deutschstämmigen Ranchbesitzern freundlich empfangen. Das alte Ranchhaus ist geräumig – nach fünf Wochen im Wohnmobil sind wir andere Platzverhältnisse gewöhnt. Es ist komisch, unsere Habseligkeiten in die vielen Zimmer zu tragen und fast europäisch unwirklich, die restlichen Lebensmittel aus dem Auto in die blitzblanke Einbauküche zu räumen. Doch ein Blick aus dem Fenster genügt, um sich wieder kanadischer zu fühlen: Vor dem

Haus befinden sich ein See und die Pferdeweide. Nora richtet mit Eifer ihr Zimmer ein. Wir Eltern spüren, dass wir schon vieles aus dem »alten« Leben losgelassen haben. Eine Badewanne haben wir nicht vermisst. Dass Nora in einem eigenen Kinderzimmer getrennt von Eltern und Hund schläft, ist ebenso ungewohnt wie unser breites Ehebett. Beim Auspacken stellen wir fest, dass wir viel zu viel haben. Wofür braucht man hier mehrere Pullis? Einer oder zwei zum Wechseln würden auch reichen. So viele T-Shirts braucht kein Mensch.»Haben wir die Schränke voll, um unseren Status zu zeigen und zu wahren? Weshalb horten Menschen so viele Dinge, von denen sie nur einen Bruchteil nutzen?«, philosophiert Beate in ihrem Tagebuch. Verrückt, dass genau zur gleichen Zeit noch einige Kartons mit Winterkleidung, Büchern und eine Gitarre per Luftpost auf dem Weg nach Vancouver sind. An diesem Abend vermissen wir nichts. Draußen wird es in der Nacht schon herbstlich kühl. Die letzten Wochen mit viel Bewegung im Freien haben uns wohl abgehärtet, denn als die Heizung im Ranchhaus ohne unser Zutun ihre Arbeit aufnimmt, sitzen wir bald im T-Shirt da und verraten einander nicht, dass wir uns nach der abendlichen Kühle im Wohnmobil, den Geräuschen der Natur und der Einsamkeit sehnen. Das Haus ist schön eingerichtet, doch von der Lage abgesehen könnte die Wohnung auch in Deutschland sein – und eigentlich haben wir von einem Blockhaus mit rustikalen Stämmen statt blauen Sofas geträumt.

So ist das eben mit den Erwartungen und der Realität. Eines haben wir schon gelernt: Man kann aus jeder Situation etwas machen und wir wollen auf die sonnige Seite des Lebens sehen. Hier können wir diese Haltung gleich einüben.

Am nächsten Morgen erfahren wir, dass im Stockwerk unter uns den Winter über noch eine »Work and travel«-Saisonarbeitskraft aus Deutschland wohnen wird. Es war abgesprochen, dass wir das Holz für den Winter selbst sägen und hacken müssen. Aber dass wir die dafür erforderliche Schutzkleidung und außerdem einen Staubsauger für die Wohnung selbst organisieren müssen, kommt unverhofft. Das alles bedeutet weniger Alleinsein als erhofft, mehr nachbarschaftliche Nähe als gedacht und erneute Autofahrten in Geschäfte, die eine knappe Stunde entfernt sind. So lernen wir die Kehrseite einsamer Wohnlagen kennen, obwohl unsere Gastranch – für kanadische Verhältnisse noch recht zivilisiert – nur einige Kilometer Schotterstraße vom Highway 24 entfernt liegt. Man muss zwei Stunden in südliche Richtung fahren, um Kamloops, eine Stadt mit Flughafen, Einkaufszentren, Universität und Schwimmbad zu erreichen. Westlich von uns, eine gute Stunde entfernt, liegt der Ort 100 Mile House, wo es zumindest zwei große Supermärkte, die Bibliothek, ein Krankenhaus, weiterführende Schulen und diverse Handwerksbetriebe gibt. Wer abseits wohnt, der muss sich sehr genau überlegen, was eingekauft wird. Hier macht das Führen einer Einkaufsliste richtig Sinn. Es ist extrem ärgerlich, nach vier Stunden Autofahrt festzustellen, dass man die Glühbirnen, Schulhefte oder Butter vergessen hat. Viele der Rancher haben große Tiefkühltruhen oder Erdkeller sowie einen Generator, um Stromausfälle auszugleichen und etwas unabhängiger zu leben.

Wir haben kein Telefon im Haus, das Handy hat hier draußen leider kein Netz und da das Internet teuer erkauft ist und ein begrenztes Datenvolumen hat, möchten unsere Vermieter es nur im allergrößten Notfall teilen. Wir befinden uns also mitten in einer Lücke im weltweiten Datennetz. Wir werden sie schließen müssen, um über E-Mails mit unseren großen Kindern, den Eltern und Freunden Kontakt halten zu können. Außerdem ist es unser Ziel, alle zwei Monate einen Newsletter an Freunde, Verwandte und Interessierte zu schicken. Er kommt einem Lebenszeichen von uns gleich. Dafür brauchen wir von Zeit zu Zeit den Zugang zum Internet.

Also steigen wir an diesem Morgen ins Auto, um den Alltag zu organisieren, statt das herrliche Wetter für eine Kanufahrt über den See zu nutzen. Ganz oben auf der Prioritätenliste steht, Nora in der Schule anzumelden. Zuerst fahren wir auf dem Highway 24 versehentlich an Bridge Lake vorbei. Kein Hinweis oder Ortseingangsschild ist zu sehen, obwohl der »Ort« auf der Karte eingezeichnet ist. Also wenden und Augen auf beim zweiten Versuch. Tatsächlich gibt es eine kleine Abzweigung und wir fahren von der Hauptstraße ab. Nach einem Kilometer erreichen wir einige verstreut liegende Häuser, sehen einen kleinen Einkaufsladen mit einer Tanksäule davor und parken das Wohnmobil vor dem eingeschossigen, schmucklos-praktischen Schulgebäude. Den ersten Menschen, den wir treffen, halten wir wegen seines legeren Outfits für den Hausmeister – und stellen kurz darauf fest, dass man in Kanada mit solchen Annahmen vorsichtig sein muss. Es ist nämlich der Schulleiter persönlich, der uns gleich die Schule zeigt und Nora einer der zwei vorhandenen Klassen zuordnet. Knapp 40 Kinder besuchen die Schule. Nora wird in eine Klasse mit 23 Kindern der Jahrgangsstufen vier bis sieben kommen, die von einer Lehrerin und ihrem lustigen kleinen Hund betreut wird. Die Lehrerin begrüßt Nora auch gleich sehr freundlich und erklärt uns, dass die Klasse kommende Woche von Mittwoch bis Freitag ins Forestcamp (eine Art Schullandheim) fährt. Den begeisterten Gesichtern der anderen Kinder nach zu urteilen, ist dies ein Höhepunkt im Schulalltag. Auch ohne die englischen Worte genau zu verstehen, ist diese Botschaft bei unserer Tochter angekommen und so sagt sie ohne mit der Wimper zu zucken zu, dass sie ab Montag der nächsten Woche die Schule besuchen wird und zwar mit Forestcamp! Rektor, Lehrerin und auch wir sind sprachlos. »Wow, what a brave girl! – Oha! Was für ein mutiges Mädchen!«, meint der Rektor.

Wir nicken und denken für uns: »Warten wir mal ab, was am Mittwoch passiert.« Auf jeden Fall ist der formelle Teil der Schulanmeldung schnell erledigt. In 100 Mile House erstehen wir danach den Staubsauger, kaufen Schutzhelm samt Schnittschutzhose für die Waldarbeiten und finden ein nettes Internetcafé. Somit zieht ein Stück Normalität in unser Leben ein.

Stück für Stück lassen wir die Urlaubsphase hinter uns. Mit dem Zurückbringen des Wohnmobils nach Vancouver werden wir auch den Touristenstatus – zumindest äußerlich – ablegen. Am nächsten Morgen starten wir zeitig in Richtung Süden und erreichen sieben Stunden später Vancouver. Nach den vielen einsamen Straßen der letzten Wochen ist der Großstadtverkehr ungewohnt und verursacht etwas Anspannung. Der Wohnmobilvermieter hat uns zwischenzeitlich einen alten Chevrolet Blazer, einen viertürigen Allradkombi, organisiert, den wir ihm abkaufen. Leider hat er fast doppelt so viele Kilometer auf dem Buckel wie erwartet, weil der Unterschied zwischen Meilen und Kilometern nicht beachtet wurde. Pech für uns. Wir hoffen, der Wagen ist robust genug für holprige Pisten und gerüstet für den Winter. Denn wir brauchen auf dem Hochplateau des Cariboo verlässliche Winterreifen oder sogar Spikes. Das kann unser Gegenüber zwar verstehen, selbst erlebt hat er das aber noch nie, weil der Winter in Vancouver eher mild und oft regnerisch ist. Nicht nur deshalb besteht ein großer kultureller Unterschied zwischen Kanadiern im Großraum Vancouver, den sogenannten Stadt-Kanadiern, und den Ranch-Kanadiern mit Cowboygenen in der Mitte oder im Norden von British Columbia. Immerhin ist die Provinz wesentlich größer als Deutschland und hat unterschiedlichste Klimazonen. Wir werden uns also in 100 Mile House selbst um die passende Ausrüstung für den Winter kümmern müssen.

Wir haben ein beglaubigtes, englisches Bestätigungsschreiben unserer deutschen Autoversicherung dabei, sodass wir recht einfach eine kanadische Versicherung abschließen können. Dann wechselt Geld den Besitzer und wir bekommen gültige Nummernschilder. Außer der Nummernfolge steht groß »Beautiful British Columbia« auf dem Kennzeichen. Wir sind stolz, für ein Jahr per Autoschild die Heimatliebe zu einem tollen Land teilen zu dürfen.

Jetzt haben wir endlich Zeit, Vancouver zu genießen. Ein Hotel in der Innenstadt mit Blick auf eine kleine Bucht, in der Wasserflugzeuge

ankern, ist unsere Oase nach dem anstrengenden Tag. Erst übermorgen sollen wir unser Cargo-Gepäck am Flughafen abholen. Das ist perfekt, denn heute reicht es mit Organisieren!

Der neue Tag beginnt mit Möwengeschrei statt mit dem klagenden Ruf des Loon, eines Wasservogels, den wir im Norden oft und gerne gehört haben. Stadtgeräusche und startende Wasserflugzeuge machen uns bewusst, welche Stille wir in den letzten Tagen unbemerkt genossen haben. Heute wollen wir uns der Stadt mit allen ihren Vorzügen zuwenden. Wir schlendern die Hafenpromenade entlang, staunen über die vielen joggenden Menschen, machen einen Bogen um große Einkaufszentren und setzen mit dem Wassertaxi nach Granville Island über, dem trendigen Künstlerviertel am False Creek Meeresarm. Hier drängen sich originelle Läden an kleine Restaurants und Studierende der Emily-Carr-Universität für Kunst und Design schlendern zwischen Touristen und Einheimischen durch die Markthalle. Man sieht Händler vom Boot aus ihren fangfrischen Lachs anbieten und kann an der Mole frisch gepressten Orangensaft trinken. So schön kann Leben sein.

Die Zollformalitäten am Flughafen sind schnell geklärt, als wir am nächsten Tag frühmorgens dort auftauchen, um unser Wintergepäck abzuholen. Alles passt ins Auto und ab geht es Richtung Norden, dieses Mal mit dem Wissen, dass wir die gewohnte Zivilisation für längere Zeit hinter uns lassen. In uns wächst Vorfreude auf einsame kleine Schotterpisten, nächtliches Koyotengeheul, offene, herzliche Menschen, Ranchleben und das Eintauchen in die kanadische Ländlichkeit. Sieben Fahrtstunden später geht der Regen in Schneeschauer über, sinkt die Temperatur von spätsommerlichen zwanzig auf drei Grad und wir ahnen, dass der Winter im Cariboo deutlich früher als an der Küste erste Vorboten schickt. Aber wir haben es nicht anders gewollt ...

Kurz vor der Abzweigung zu unserer Ranch entgehen wir um Haaresbreite dem Zusammenstoß mit einem Reh. Vollbremsung! Der Schreck fährt uns in alle Knochen, das Reh springt unverletzt die Böschung hinunter. Das war knapp. Wir wollen nicht darüber nachdenken, was geschehen wäre, wenn Olaf nicht so schnell reagiert hätte, sondern sind dankbar über den glimpflichen Ausgang dieser unerwarteten Begegnung. Auch wenn wir ein Vermögen in den Abschluss unserer Auslandskrankenversicherung investiert haben, testen möchten wir sie nicht unbedingt. Die Lektion über die Unberechenbarkeit von Wildbegegnungen in den Abendstunden haben wir auf diese Weise eindrücklich und frühzeitig gelernt.

Auch die Ranchbesitzerin besteht darauf, dass wir noch einiges lernen. Wir dürfen Wäsche nicht im Außenbereich aufhängen, es gibt schließlich einen Trockner. Das Auto soll nicht am Haus, sondern auf dem Gästeparkplatz am Eingang zur Ranch parken und beim Baden am See sollen wir den Steg des Haupthauses als private Zone achten. Ungläubig schauen wir auf den uns zugeteilten, schief im Wasser hängenden Holzsteg, der für Gäste zugänglich ist. Eigentlich wollten wir ankommen, uns zuhause und nicht zu Gast fühlen. Wie es aussieht, sind wir noch nicht angekommen.

Doch darüber wollen wir uns an diesem Abend keine Gedanken mehr machen. Müde fallen wir in unsere Betten, hören den Loon am Ufer des Sees rufen und schlafen dem Schulbeginn am nächsten Tag entgegen.

Montagmorgen. Um 8.30 Uhr stehen wir bei drei Grad frierend und nervös neben unserem Auto an der Einmündung High Country Road/Highway 24 und warten auf den gelben Schulbus, der die Kinder von den entfernt liegenden Ranches einsammelt. Es ist unsere Aufgabe, Nora morgens zur Hauptstraße zu bringen und nachmittags dort einzusammeln. Der Schultag geht bis 15 Uhr, eine Brotdose für die Mittagspause ist eingepackt, die Tasche mit Stiften und einigen leeren Heften bestückt. Alles Weitere wird sich finden.

Schließlich kommt der Bus angebraust, mutig steigt unsere Kleine ein und winkt uns noch einmal zu, als der Bus in Richtung Bridge Lake Fahrt aufnimmt. Wir haben nicht so gut geschlafen, sehen un-

sere Tochter eine unbekannte Schule betreten, in der sie fast kein Wort verstehen wird. Ahnen den Unterschied zwischen einem deutschen Stadtkind und kanadischen Landkindern. Loslassen ist angesagt – nicht für das Kind, für die Eltern. Nachmittags kommt sie freudestrahlend zurück. »Wie war's?«, ist eigentlich eine überflüssige Frage. Sie wird entsprechend kurz beantwortet: »Great!«
Loslassen ist eine schwierige Übung. Sie begegnet uns nicht erst im Sabbatjahr. Es ist menschlich und normal, sich an Sicherheiten, vertraute Menschen, Aufgaben, Handlungsmuster, Denkweisen zu klammern. Loslassen heißt, du bekommst die Hände frei. Doch das will eingeübt und praktiziert sein. Nora macht uns vor, dass Loslassen zwar Mut erfordert, manchmal aber kinderleicht sein kann.

Als wir am Nachmittag die Cargo-Kisten auspacken, kommen erstaunliche Dinge zum Vorschein. Beate hat Flöten und Noten eingepackt. Wir haben warme Pullis im Überfluss, dafür kaum gute Handschuhe. Über die wenigen Fachbücher auf Deutsch freuen wir uns. Wir wollen uns Zeit nehmen, Themen der Selbstkompetenz und philosophische Fragen miteinander zu diskutieren. Hier haben wir den nötigen Freiraum dafür. Auch wenn Beates Englisch besser als das von Olaf ist, um Fachbücher zu lesen reicht es noch nicht aus. Wir hoffen, dass sich das im Lauf dieses Jahres ändert. Vor allem Nora hat ihre wenigen deutschen Bücher längst mehrfach gelesen und freut sich auf etwas Nachschub. Besonders freudig wird der iPod mit Lautsprecherboxen in Empfang genommen. Hier haben wir etliche unserer Lieblings-CDs aufgespielt, dazu klassische Musik, einige Hörspiele für Nora und in kühner Voraussicht deutsche Weihnachtsmusik. Man muss ja nicht alles auf einmal loslassen, oder?

Wenige Tage später trennt sich unsere eingeschworene Sabbaticalgemeinschaft erstmals. Nora fährt ins Forestcamp, drei Busstunden entfernt. An diesem Morgen müssen wir die Scheiben am Auto freikratzen. Eine Schar aufgeregter Schülerinnen und Schüler umringt an der Schule den wartenden Bus. Eltern umarmen ihre Kinder, die Lehrerin zählt ihre Schützlinge, die Busfahrerin lächelt und ist die Geduld in Person. Entspannt geht es zu, wir werden gegrüßt, gefragt, woher wir kommen und unkompliziert mit eingebunden. Nora kennt zwar schon einige Mädchen, doch spricht und versteht sie kaum das breite Cowboy-Englisch. Wir staunen, dass sie bei ihrem Wunsch geblieben ist und sich dem Abenteuer dieser Reise aussetzen will.

Am Morgen haben wir auf dem Schulweg Elche gesehen und die Farbenpracht des Herbstes bewundert. Der Indian Summer lässt die Blätter tief golden, orangegelb und rostrot leuchten. Besonders die Birken sehen wie für ein Fest herausgeputzt aus. Dennoch kann all diese Schönheit nicht darüber hinwegtäuschen, dass sie sehr vergänglich ist.

Das Loslassen können wir nirgends deutlicher vor uns sehen als im Wachsen und Vergehen der Natur. Ein Baum, der seine Blätter loslässt, wird frei von der Aufgabe, blühen oder nähren zu müssen. Im Winter kann er sich zurückziehen, neue Kräfte sammeln und seine Wurzeln tiefer graben. Es ist eine Zeit des Innenlebens, des von außen nicht zu sehenden Wachstums. So entsteht eine Grünkraft, aus der schließlich Neues knospen und wachsen kann. Dieses kraftvolle Bild macht uns Mut.

Um inneres Wachstum, Stärke für die Seele und Inspiration durch eine veränderte Umgebung geht es uns in diesem Auszeitjahr. Dafür wollen wir Ballast abwerfen, uns zurückziehen und die Abgeschiedenheit des kanadischen Winters als eine Zeit der Erneuerung, des inneren *Reset* nutzen. Wir haben Lust auf mehr, auf mehr vom Weniger bekommen.

Vertrauen

»Wie lange ich lebe, liegt nicht in
meiner Macht,
dass ich aber, solange ich lebe,
wirklich lebe, das hängt von mir ab.«

SENECA

Hoffnung trägt

Terrance Fox, genannt Terry, war gerade 18 Jahre alt, aktiver Basketballer und hoffnungsvoller Student der Simon Fraser Universität in Vancouver, als er erfuhr, dass er an einer seltenen Form von Knochenkrebs erkrankt war. Sein rechtes Bein wurde oberhalb des Oberschenkels amputiert und er wusste, dass er kaum eine Chance hatte, seinen dreißigsten Geburtstag zu erleben. Von ihm stammen die Worte: »Dreams are made if people only try. I believe in miracles ... I have to .... Because somewhere the hurting must stop. – Träume werden wahr. Man muss es nur versuchen. Ich glaube an Wunder. Ich kann nicht anders, denn irgendwo muss der Schmerz aufhören.«

Terry gab nicht auf. Er wusste nicht, wieviel Jahre ihm der Krebs lassen würde, aber er wollte sein Leben, seine Zeit und seine Chance nutzen. Die vielen Kinder, die er an Krebs leidend im Krankenhaus erlebt hatte, machten ihn wütend und traurig. Er wollte etwas gegen diese tückische Krankheit unternehmen. Terrance, vor seiner Erkrankung ein begeisterter Basketballer, begann nach Abschluss der Chemotherapie mühsam zu trainieren. Schließlich konnte er mit seiner Prothese auch lange Strecken laufen und irgendwann sogar joggen. Er plante ein Projekt, über das andere nur den Kopf schüttelten, den »Marathon der Hoffnung«. Er würde Kanada von Ost nach West durchqueren, täglich die Distanz eines Marathons zurücklegen, die Medien interessieren, Menschen aufrütteln und damit Spenden sammeln für die Krebsforschung. Irgendwann muss diese Krankheit enden! Terry war nicht zu bremsen, ihn beflügelte die Hoffnung. Er wollte leben, sinnvoll leben. Einen Teil dazu beitragen, dass sich diese Welt zum Guten verändert, damit es andere besser haben als er selbst. Hoffnung ist ein unglaublicher Motivationsfaktor.

Terry startete am 12. April 1980 in St. Johns, Neufundland. Er kämpfte mit schlechtem Wetter, der Ignoranz der Menschen, dem inneren Schweinehund und der körperlichen Belastung. Tatsächlich legte er täglich 42,195 Kilometer zurück. Woche für Woche gewann er mit seiner Aktion mehr das Interesse von Menschen und Medien. Bald stiegen die Spenden. In einem Interview sagte er: »Ich wünschte, die Menschen würden begreifen, dass alles möglich ist, wenn man es nur versuchen würde.« Sein großes Ziel, in Viktoria auf Vancouver Island anzukommen, hat er nicht erreicht. Doch bereits während des Laufes sagte Terry in einer Ansprache in Ontario: »Ich laufe nicht, um berühmt oder reich zu werden. Der einzig wichtige Grund ist, dass der Krebs besiegt werden kann. Und wenn ich den Lauf nicht beenden kann, brauchen wir andere, die weiter machen. Es muss auch ohne mich weitergehen.« Nach 143 Tagen und unglaublichen 5373 Kilometern musste er krankheitsbedingt aufgeben. Der Krebs war stärker. Am 28. Juni 1981 starb Terry Fox.

Er hat geträumt, gehofft, alles gegeben und gewonnen – auf seine Art. Terry Fox wollte von jedem Kanadier einen Dollar Spende für die Krebsforschung »erlaufen«. Sein Engagement war überzeugend. Vor allem aber gab er den Kanadiern die Möglichkeit, ein Teil des Wunders zu werden. Terry sagte: »Wer einen Dollar für die Bekämpfung des Krebs spendet, der ist Teil des Marathons der Hoffnung.« Im Februar 1981 erreichte er dieses Ziel. 24 Millionen kanadische Dollar waren zusammengekommen. Doch Terrance Fox hat viel mehr geschafft. Er hat Hoffnung geweckt in zahllosen Krebspatienten und in deren Familien. Sein *run of hope* gab verzweifelten Menschen den Mut, zu kämpfen. Bis heute eint der Marathon der Hoffnung die Kanadier und macht sie stolz, ihren Teil beigetragen zu haben zum Kampf gegen die tückische Krankheit. Die Terry Fox Foundation, in der zahllose Menschen und auch Terrys Familie den Traum fortführen, organisiert jedes Jahr den Terry-Fox-Lauf, ein absoluter Event, dem sich Menschen weit über Kanadas Grenzen hinaus anschließen. Und so begegnen auch wir der Geschichte von Terry Fox, die jedes kanadische Kind verinnerlicht hat, Ende September an der Bridge Lake Schule.

Nora bringt die Einladung zum Terry-Fox-Run mit und wir sind gespannt, was an dem Tag in der Schule los sein wird. Natürlich sind wir dabei: Olaf sportlich motiviert, die Laufschuhe geschnürt, Nora voller Freude, dass die Eltern mit in die Schule kommen dürfen und ihre neuen Freunde kennenlernen, Beate neugierig auf andere Eltern und neue Kontakte und Aruna, die natürlich nicht allein auf der Ranch zurückbleiben will.

Wie wir vom Rektor der Schule erfahren, verläuft der Run jedes Jahr in ähnlicher Weise. Ziel ist es, mit diesem Sponsorenlauf die Terry Fox Stiftung zu unterstützen und es zählt jede Meile, egal ob sie gejoggt oder gegangen wird. Alle dürfen teilnehmen vom Vorschulkind bis zur obersten Klasse. Der Weg führt entlang einer Gravelroad, einer schmalen unbefestigten Straße, einige Kilometer bis zum Campingplatz am See. Dort ist der Wendepunkt, an dem ein Stand mit Getränken und Müsliriegeln auf die jungen Läufer wartet. An der Schule gibt es eine kurze Einweisung durch den Rektor. Drei Punkte sind zu beachten: Wärmt euch auf, achtet auf die Autos an der Straße, habt Spaß! Und den haben wir alle.

Während die Kinder und sportlich ambitionierte Eltern losjoggen, schieben andere Mütter den Kinderwagen, treffen sich plaudernde Grüppchen zum flotten Laufen und steigen einige Eltern in ihre Pickups, die heute ihrem Namen alle Ehre machen und müde Kinder aufsammeln dürfen. An diesem Vormittag lernen wir Menschen kennen, werden in den Dorfklatsch eingeweiht (wobei sich Dorf auf ein Gebiet im Durchmesser von 30 bis 50 Kilometer bezieht) und teilen den Geist der Hoffnung des Terry Fox mit vielen anderen. Wir verstehen, wieso Menschen in ganz Kanada so stolz auf diesen jungen Mann sind. Sein Mut, trotz der Krankheit etwas zu tun, und seine Bereitschaft, eine großartige Idee zu teilen, ein Miteinander zu schaffen, wirken ansteckend und bringen uns ins Nachdenken. Leben ist ein Geschenk! Es ist nicht selbstverständlich, dass ich heute gesund aufwache, das ich Freude empfinden, Pläne machen und verwirklichen kann. Am Highway neben einer alten Holzkirche steht ein Schild: »Your time is your life, be wise.« Lebenszeit ist begrenzt. Klug mit dieser kostbaren Zeit umzugehen ist ein Vermächtnis von Terry, das uns an diesem farbenfrohen Herbsttag überdeutlich bewusst wird. Wir spüren, dass die Sabbatzeit und Erlebnisse wie die heutige Begegnung mit der Kraft des Terry Fox unserem Leben mehr Tiefe geben.

Beinahe hätten wir nicht den Mut gehabt, das Sabbatjahr trotz aller Widerstände und Ängste umzusetzen. Jetzt sind wir voller Freude, das Wagnis eingegangen zu sein. So fühlt sich pures Glück an. Mit jedem Tag Abstand zum Gewohnten, zu den bisherigen Anforderungen und Rollen fühlen wir uns ein Stück lebendiger. Es ist, als würden Stück für Stück äußere Hüllen fallen, die die eigentliche Gestalt deutlicher hervortreten lassen. Wer sich immer sozial angepasst, der jeweiligen Norm entsprechend verhält, kommt zwar durchaus weit in einer Gesellschaft, verliert aber unmerklich seine Individualität. Wir haben etliche Hüllen unseres bisherigen Lebens abgestreift, sind dem Kopfschütteln, dem Unverständnis, aber auch dem Glanz in manchen Augen begegnet. In kleinen Schritten kommen wir uns selbst wieder näher. Heute beim Terry-Fox-Lauf sind wir einer ganz besonderen Lebensgeschichte begegnet und sie macht Mut, dass auch wir auf einem guten Weg sind. Auf der Heimfahrt hören wir im Autoradio ein

Interview mit Betty Fox, der Mutter von Terrance. »Viele Kinder folgen ihren Eltern nach. Ich folge den Fußstapfen meines Sohnes und die sind mir manchmal fast zu groß«, sagt sie im Hinblick auf die Vision und die Hoffnung von Terrance. Dass diese Frau bei den Olympischen Winterspielen in Vancouver die kanadische Flagge stellvertretend für ihren Sohn ins Stadion tragen durfte, ist bewegend. Wir sind beeindruckt von der Offenheit und Zuversicht, die aus den klaren Worten der Frau spricht.

Wir alle brauchen die Hoffnung. Sie verleiht uns Flügel, wo uns die Füße nicht mehr tragen. Hoffnung ist das, was uns in der Entscheidung für dieses Sabbatical getragen hat. Wir haben die Hoffnung, dass dieses Sabbatjahr für unsere Familie zum Gewinn wird, dass wir beziehungsstark, mit geweitetem Horizont, voller Seelenkraft, mit neuen Erkenntnissen und einem erholten Körper zurück nach Deutschland kommen. Wissen kann man das nicht. Garantieren auch nicht, aber wir dürfen Hoffnung haben und wir sind der Überzeugung, dass diese Auszeit Sinn macht. Die Funktion eines Sabbatjahres ist eine andere als die von Urlaub. Natürlich gibt es Schnittmengen, doch wir sehen uns nicht als Weltenbummler. Das touristische Interesse ist für uns nachrangig. Wir planten diesen Einschnitt in unsere aller Voraussicht nach vierzigjährige berufliche Tätigkeit als Halbzeitpause ein, ähnlich wie beim Fußball. Man geht herunter vom Spielfeld, sammelt Kräfte, besinnt sich auf Wesentliches, legt die Strategie neu fest, um kraftvoll in die zweite Halbzeit zu starten. Uns ist es wichtig, Verantwortung für unser Leben, die Partnerschaft, die Familie und die persönliche Entwicklung zu übernehmen.

Der Sabbatgedanke ist biblisches Gedankengut. Er zielt auf ein bewusstes Innehalten und ordnet den Sabbat dem schöpferischen Prozess untrennbar zu. Unsere Burnout-Prävention ist ebenso schöpferisch. Wir setzen auf den Zusammenhang von Tun und Ruhn. Die Kreation von Neuem und die Motivation, das Neue umzusetzen, folgen der Inspiration, die solch eine Auszeit auslösen kann. Dass wir uns diese Zeit der Stille und Inspiration mit dem beruflichen Ausstieg erkauft haben, macht sie jetzt umso kostbarer.

Wenn wir Nora morgens zum Schulbus gebracht haben, beginnen wir den Tag mit einem Segensritual am See. Schweigend geht es über einen Waldweg in die Bucht hinunter. Jeder hat Zeit für eigene Gedanken, kann diese ungestört kommen und ziehen lassen. Am Ufer begrüßen wir den neuen Tag mit den immer gleichen Worten, spüren ihrem Sinn nach, werden empfangend, dankbar und durchlässig für die Kraft jenseits aller Worte. Es tut gut, sich als Teil der Welt, der Natur, der Schöpfung zu begreifen.»Komm, Schöpfer, Gott, öffne mich, halte mich, fülle mich, brauche mich«, so bitten wir täglich und tatsächlich fühlen wir uns hier im Cariboo am Highway 24 am richtigen Platz.

Ankommen

Ein Angebot für Kinder in der örtlichen *Community hall* wird für uns zum Türöffner zu den Menschen im Cariboo. Auch Nora ist glücklich über den *Kids' space*, denn das in Deutschland so normale Treffen mit Freunden am Nachmittag nach der Schule ist im Ranchland eine Ausnahme. Da die Kinder bis 15 Uhr Schule haben und anschließend mit dem Bus eine teils weite Fahrt zurücklegen, bleibt kaum Freiraum für außerschulische Aktivitäten. Die Eltern sind nur begrenzt für zusätzliche Fahrdienste zu begeistern und die Anwesen liegen so weit voneinander entfernt, dass man nicht zu Fuß unterwegs sein kann. Wo können sich jüngere Kinder also unabhängig von der Schule treffen? Wo gibt es für sie einen zweckfreien Raum zum Spielen in der Gruppe, für Spaß und kreative Hobbies?

Genau diese Fragen stellte die pensionierte Lehrerin Elaine Adams, als sie mit ihrem Mann Bill aus dem Großraum Vancouver an den Bridge Lake zog. Ihrem Traum vom Ruhestand im Blockhaus folgte die

Idee, sich für Kinder außerhalb der Schule einzusetzen. Elaine wollte Raum und Begegnungsmöglichkeiten für Kinder schaffen. Und aus dem anfänglichen »Wohnzimmer-Angebot« wurde bald ein gefragter Kindertreff in der Mehrzweckhalle, der *Community hall* am Highway 24. Vierzehntägig treffen sich hier am Freitagnachmittag etwa 25 Schulkinder und haben zweieinhalb Stunden lang ein tolles Programm. Die Cariboo Presbyterian Church wie auch die örtliche Kommune unterstützen die private Initiative mit Material, Geld und Räumlichkeiten. Spiele sind vorbereitet, kreative Angebote durchdacht und das Essen liebevoll geplant. So werden Bastelutensilien organisiert, das Programm für altersgemäße Kleingruppen erstellt und ein Essen für die Kinder bereitet, was einem Sonntagsessen gleichkommt. Ein Team von jugendlichen und erwachsenen Mitarbeitern engagiert sich für die wilde Meute. Als wir Nora zum *Kids' space* bringen, kommen wir schnell mit Elaine ins Gespräch. Sie erklärt uns, dass ihre Hauptaufgabe beim *Kids' space* das Danken ist. Welch ungewöhnliche Aussage! Was würde ein Sozialpädagoge, Pfarrer oder Verantwortlicher in Deutschland als seine Hauptaufgabe bei einem derartigen Projekt bezeichnen? Finanzen verwalten, Mitarbeitende gewinnen, Räumlichkeiten und Material besorgen? Elaine aber bezeichnet das Danken als den Dreh- und Angelpunkt. Dankbarkeit ist eine Haltung, die große Offenheit und Wertschätzung mit sich bringt. Wer den Dank für sein Engagement nicht nur spürt, sondern tatsächlich ausgesprochen hört oder schwarz auf weiß liest, der ist motiviert und fühlt sich ähnlich wie beim *Run of hope* als Teil des Ganzen. Für den Dank braucht Elaine kein Budget, wohl aber eine gute Beobachtungsgabe, denn sie dankt den Mitarbeitern und Mitarbeiterinnen in individuellen E-Mails oder mit persönlichen Worten. Sie schaut genau hin und gibt jedem potenziellen Mitarbeiter ein Betätigungsfeld, in dem er agieren und seine Begabungen einbringen kann. Diese Art der Mitarbeiterbegleitung, die wir im kanadischen Hinterland erleben, schärft unseren Blick für die Kompetenz von Führung. Es ist ein »Führungsseminar« der ganz praktischen

Art, was wir in den folgenden Monaten an der Seite von Elaine und anderen Verantwortlichen erleben dürfen.

Währenddessen sitzt Nora begeistert im Kreis mit Gleichaltrigen, spielt und plaudert mit ihren wenigen englischen Worten schon ganz munter los. Einmal erzählt die Gesprächsleiterin die biblische Geschichte von der wunderbaren Brotvermehrung. Die Kinder lauschen gespannt und sind in Gedanken mit Jesus und den vielen Menschen auf dem Berg in Galiläa. Sie hören, dass es spät geworden ist während der Predigt von Jesus und dass die Menschen Hunger haben. Klar, dass es dort keinen Laden gibt. Das ist wie hier im wilden Westen. Da musst du viele Kilometer fahren, ehe du Brot und Kekse oder Obst und Käse kaufen kannst. Die Erzählung wird unterbrochen und die Erzählerin fragt die Kinder: »Was glaubt ihr, wird Jesus nun tun, um die Menschen mit Essen zu versorgen?« Angestrengt denken die Kinder nach. »Er geht jagen«, sagt ganz lässig einer der älteren Jungs. Beinahe hätten wir laut gelacht über die originelle Antwort, aber wir bemerken, dass es nicht witzig gemeint war. Zustimmendes Nicken im Kreis der Kinder. Für sie ist das Jagen Nahrungsbeschaffung wie für uns das Einkaufen im Laden. Sie kennen es nicht anders. Natürlich sprechen die Kinder schließlich lange über das Teilen und über die Erfahrung von Wundern – uns aber bleibt die Antwort, dass Jesus jagen gehen würde, als kanadische Besonderheit im Gedächtnis.

Der Nachmittag in der *Community hall*, bei dem wir willkommen sind, eine Tasse Kaffee und später ein köstliches Essen bekommen, ist wie der Wechsel der Jahreszeiten, die wir in voller Pracht erleben. Wir wechseln vom Status der Touristen hin zum Neuzugezogenen, zum Anwohner auf Zeit, zum willkommenen Fremden.

Elaine und Bill laden uns gleich für die kommende Woche zum Frühstücksbrunch in ihr Blockhaus am Bridge Lake ein. Genau das haben wir uns gewünscht. Wir suchen den Kontakt und die Nähe zu echten Kanadiern. Wir möchten als Menschen zählen und nicht nur als Touristen zahlen.

So stehen wir einige Tage später gespannt auf diese erste Einladung vor dem wunderschönen Holzblockhaus und staunen über das moderne, komfortable Innenleben. Elaine hat *Scones*, duftende, leckere Brötchen gebacken. Dazu gibt es selbstgemachte Marmelade und sogar etwas Käse, eine Delikatesse, zumindest den Preisen im Supermarkt nach zu urteilen. Die Lebensart ist europäisch und dennoch anders, als wir es von Deutschland her kennen. Es gibt keinen Bäcker um die Ecke. Die nächsten Nachbarn wohnen in Sommerhäusern und im Winter leben Elaine und Bill ziemlich allein in ihrer Straße. Ohne Auto ist man total aufgeschmissen. Bill, ehemaliger Techniker bei Air Canada, hat mit Leidenschaft für die aufwendige Installation von Internet und Telefon gesorgt und solange der nächste Sturm die Leitung verschont, haben die beiden immer einen guten Draht in die weite Welt. Gerne nutzen wir das Angebot, hier unsere E-Mails abzurufen. In den letzten Wochen mussten wir dafür Wege von bis zu einer Stunde nach 100 Mile House in Kauf nehmen oder ein Internet-Café am Highway besuchen. Wir finden viele Gesprächsthemen. Da die persönliche Ebene stimmt, kommt relativ schnell die Frage auf, ob wir nicht Lust hätten, unser berufliches Knowhow als Religionspädagogin und Theaterpädagoge im *Kids' space* einzubringen. Lust schon – doch bevor uns ein unüberlegtes »ja, klar« über die Lippen kommt, erbitten wir uns etwas Bedenkzeit. Es ist ein guter Indikator, dass wir es gelernt haben, Ansprüche von außen in Ruhe mit den inneren Zielen abzugleichen. Eine Form von praktiziertem Zeitmanagement in kleiner Dosis mitten im Zeitmeer des Sabbaticals.

Als Elaine und Bill hören, dass wir »echte« Kanadier und richtige Cowboys kennenlernen wollen, laden sie uns in ihre *Housechurch* ein. David Webber, Pastor der Cariboo Presbyterian Church, hat dieses Angebot initiiert. Er betreut als Pastor ein riesiges Gebiet von mehreren hundert Kilometern und findet es unsinnig, die Menschen in eine weit entfernte Kirche einzuladen. Lieber macht er sich auf den Weg, fährt mit seinem robusten Truck, einer Kiste mit *Songbooks*, Bibel und

Gitarre im Gepäck fast jeden Abend der Woche in eines der entlegenen Ranchhäuser und bringt damit die Kirche zu den Menschen. Keine Frage, das wollen wir erleben! Elaine kritzelt die Wegbeschreibung auf einen Zettel. Wir sollen die erste Grundstückseinfahrt nach der großen Kreuzung am Highway 24 rechterhand nehmen und am Haus von Pete und Nicky klopfen. Das Gelände ist eine halbe Autostunde von unserer Ranch entfernt. Wir verabschieden uns mit dem Versprechen, am Mittwoch um 7 *pm*, also 19 Uhr, da zu sein. Pünktlich fünf vor sieben rumpeln wir durch die Schlaglöcher in die Einfahrt. Zwei Hunde begrüßen uns schwanzwedelnd, von den Besitzern und anderen Gästen jedoch keine Spur. Der Vollmond steht schon am Himmel, die Dämmerung hat längst eingesetzt. Wo ist diese *Housechurch*? Haben wir etwas falsch verstanden? Sind wir vielleicht eine Einfahrt zu früh abgebogen? Mangels anderer Erklärungsmöglichkeiten fahren wir wieder auf den Highway und einige Kilometer weiter wieder rechts ab in eine Grundstückseinfahrt. Dort spielt sich ungefähr die gleiche Prozedur ab. Hunde springen bellend herum, eine Katze räkelt sich vor der Tür, im Haus brennt sogar Licht, die Angelsachsen liegen noch vor der Haustür, aber auf unser Klopfen antwortet niemand. Den Geräuschen nach zu urteilen, läuft im Haus der Fernseher. Das sieht nicht nach Kirche im Ranchhaus aus. Was nun? Hier kann man nicht einfach am Abend von Ranch zu Ranch fahren. Namensschilder gibt es sowieso nicht, Klingeln sind Fehlanzeige. Dafür hat man Hofhunde und notfalls das Gewehr im Eingang. Wir haben keine Telefonnummer und außerdem hat das Handy auch nur an ausgewählten Orten Netzempfang – Ranchgelände abseits der Stadt gehört in der Regel nicht dazu.

Könnte es sein, dass Elaine, wie viele Frauen (Erfahrungswert!) ab und zu rechts und links verwechselt? Die Frage hilft weiter. So bleibt die Möglichkeit, dass die Skizze von Elaine gut gemeint, nur falsch herum war und das gesuchte Haus von der Kreuzung aus links zu suchen ist. Gute Idee!

Olaf wendet und wir fahren vorsichtig, wegen der vielen Hirsche, die in der Abenddämmerung munter die Straßenseiten wechseln, zurück. Die erste Einfahrt führt zu mehreren Anwesen. Wir halten uns auf dem Hauptweg und landen schließlich auf einem weitläufigen Ranchgelände am Wald. Das Hinweisschild »Slow! Dogs can't hear – kids don't listen« ist originell. Es spricht für Anwohner mit Humor. Vor der kleinen mit einer bunten Lichterkette geschmückten Holzhütte, parken kreuz und quer einige Pickups. Es ist schwer auszumachen, ob das die gesuchte *Housechurch* sein soll.

Durch das Fenster sehen wir Leute im Kreis sitzen. Einer hat eine Gitarre, groovige Westernmusik dringt durch die Tür. Volltreffer! Es gibt zwar weder Klingel noch Namensschild, aber ein kleines Kreuz ist an die Holztür genagelt. Das muss das Haus von Pete und Nicky sein. Als auf unser Klopfen hin niemand öffnet, drehen wir den Knauf, treten mutig ein und stehen direkt im Wohnzimmer. Unbekannte Menschen schauen uns an und jemand sagt: »Hi, wir haben euch erwartet.« Na, prima! Also Schuhe ausziehen (das ist in den Ranchhäusern ein ungeschriebenes Gesetz) und auf Strümpfen in die warme Stube. Von Elaine und Bill keine Spur. Auch die Namen Pete und Nicky hören wir von niemandem. Wo sind wir hier eigentlich gelandet?

Zur Sicherheit stellen wir uns kurz vor, erzählen, dass unsere kleine Familie für ein Jahr in Kanada leben wird und dass wir uns ein Sabbatical gönnen. Jemand sagt, dass Elaine uns angekündigt hat und beruhigt lassen wir uns auf die bunte Häkeldecke sinken, die das Sofa salonfähig macht. Offensichtlich haben wir das richtige Haus gefunden und die Vermutung mit der verwechselten Seite war treffend. Auf dem Tisch, einem alten Schrankkoffer, liegen Liederhefte der Presbyterian Church. Dave, der Pastor stellt sich uns vor. Er hat eine Gitarre in der Hand. Sein Nachbar zückt die Mundharmonika. Wir sind entzückt! Es wird viel gesungen – und wie! Es klingt wie ein Mix aus Irish Folk und Countrymusik, nur die Texte sind eindeutig christlicher Natur. Alle dürfen sich Lieder wünschen. Dave scheint ein Gitarren-Profi zu sein. Kein Griff ist ihm zu schwer, kein Rhythmus zu kompliziert. Als die Tür nochmals aufgeht und Elaine und Bill als Letzte eintreffen, fühlen wir uns schon ganz dazugehörig und winken ihnen fröhlich zu.

Der Abend ist klar strukturiert. Es gibt einen biblischen Input. Dave hat eine Predigt vorbereitet, die mit den Worten endet: »Das waren meine Gedanken. Ich bin gespannt auf eure!« Welch gute Idee, die Leute tatsächlich zu beteiligen, statt sie vollzupredigen. Es entstehen interessante Dialoge und wir erfahren ganz nebenbei viel von der Denk- und Lebensweise der Menschen im Cariboo. Noch fühlen wir uns zu unbeholfen in der Sprache, um ernsthaft mitzudiskutieren, aber es macht Spaß, dabei zu sein. Wir spüren, hier darf jeder, ob Vorarbeiter, Verkäuferin, ob reicher Rancher oder Menschen am Rand des Existenzminimums gleichberechtigt seine Meinung ausdrücken. Es wird gelacht, zugehört und Leben geteilt. Zum Teilen gehört auch das gemeinsame Gebet. Als Dave fragt, für wen die Gruppe beten möchte, kommen erstaunliche Geschichten hervor. Wir erfahren von der dementen alten Indianerin, die schon seit einer Woche im Outback gesucht wird, von einem herzkranken Jungen, der Hunderte von Kilometer bis nach Vancouver ins Krankenhaus gebracht werden muss, um angemessen behandelt zu werden, von üblen Arbeits- und Jagdunfällen und von dem Hund, der giftige Pilze im Magen hat. Die Menschen teilen ihre Sorgen. Diese sind so anders als das, was uns normalerweise in Deutschland bewegt! Zum Abschluss gibt es noch eine nette Gesprächsrunde mit leckeren Schoko-Brownies, Tee – und einer Überraschung.

Elaine sagt, sie freue sich, dass uns ihre Nachricht von der Verlegung der *Housechurch* offensichtlich erreicht hat und wir die neue Adresse gefunden haben. Wir sind erstaunt. Welche Nachricht? Wir haben nichts gehört. Ist dies nicht das Haus von Pete und Nicky? Jetzt sind die anderen sprachlos. Pete und Nicky wohnen auf der Ranch am Highway kurz hinter der großen Kreuzung, nicht hier. Da sie heute zu einer Viehauktion verreisen mussten, wurde das Treffen ins Haus von

Ken und Jody, anderen Gemeindemitgliedern, verlegt. Wie es aussieht, haben wir ein unbekanntes Haus gefunden, obwohl es dafür keine Wegbeschreibung gab. Alle hatten angenommen, dass wir die telefonische Nachricht von der örtlichen Verlegung bekommen hatten, und deshalb war auch niemand erstaunt, als wir zur Tür hereinspaziert kamen. »Da muss euch Gott persönlich gelotst haben«, fasst Elaine diese Episode treffend zusammen.

Wo sie Recht hat, hat sie Recht. Wir fühlen uns geführt in diesem Sabbatical und zwar nicht erst an diesem Abend. Es gibt eine Menge Wegzeichen, die wir als solche für uns interpretieren. Wegzeichen der menschlichen Art lernen wir an diesem ersten Abend in der *Housechurch* kennen. Ken und Jody, die Hausherren, entpuppen sich als Unikate. Wie wichtig sie für uns in dem Sabbatjahr werden und dass sie eine Art Lotsenfunktion bekommen würden, können wir an diesem Abend noch nicht ahnen.

Als die anderen Gäste längst das Haus verlassen haben, sitzen wir vier immer noch zusammen, lassen uns Jagdabenteuer und Lebenserfahrungen erzählen, teilen Hoffnungen und Träume miteinander. Wir sind im ähnlichen Alter, haben jeweils 25 Jahre Ehe als Glücksfall erfahren, schätzen das Leben, haben zwei gleich alte Kinder, lieben das Outdoorleben und sind doch total verschieden. Ken ist Pferdekenner, Nachkomme einer der ersten Pioniere dieser Gegend und schätzt seinen Job als Chef einer Straßenbautruppe. Jody hat ihre Jugend abgelegen in der Nähe eines Indianerreservates verbracht. Sie besitzt eine besondere Menschenkenntnis, ein tiefes Wissen um alte Bräuche der Ureinwohner und arbeitet als Sozialarbeiterin mit »Personen mit besonderen Bedürfnissen«, wie sie ihre Zielgruppe nennt. Verschmitzt erzählt sie, dass ihr bestes Geschenk zum vierzigsten Geburtstag eine Motorkettensäge war. Ketten zum Vierzigsten, das kennt man auch in Deutschland. Kettensägen sind wohl eher ungewöhnliche Geschenke für Frauen. Ken und Jody bezeichnen sich und ihren Lebensstil als »out of box« – ein Begriff, der uns gleich gefällt, lässt er doch Individualität und Mut zu eigenen Überzeugungen vermuten. Die unterschiedlichen kulturellen Hintergründe machen unser Gespräch über Kindererziehung, Partnerschaft, Lebensglück und berufliche Erfüllung besonders spannend. Wir sind als Fremde gekommen und gehen spät in der Nacht als Freunde.

Am nächsten Tag gibt es einen Anpfiff unserer Vermieter. Nora hat große Äste zusammengetragen und sich zum Spielen ein Lager im Unterholz gebaut. Das wird nicht gern gesehen. Das Gelände soll »ordentlich«, also *clean* bleiben. Wir sehnen uns nach dem *out of box*-Denken der neuen kanadischen Freunde. Ganz offensichtlich befinden wir uns auf deutsch geregeltem Hoheitsgebiet. Das Gefühl, nicht wirklich willkommen und in der eigenen Freiheit eingeschränkt zu sein, obwohl wir im »Land der unbegrenzten Möglichkeiten« wohnen, nagt am Seelenfrieden. Wir bemühen uns um gute Nachbarschaft und sehnen uns gleichzeitig nach größerer Distanz. Es ist beklemmend zu spüren, dass wir etwas an dieser Situation verändern sollten, ohne dass wir den nötigen Handlungsspielraum dafür erkennen können. Mit begrenztem Budget, einem Hund im Schlepptau, einem Kind, das an den Besuch einer Schule gebunden ist, und noch dazu im bevorstehenden Winter, wo es keine offenen Gästeranches mehr gibt, sehen wir keine Chance auf einen Hauswechsel. Außerdem haben wir keine Lust auf nochmaliges Aufbrechen. Es wird Zeit, anzukommen.

Zeit anzukommen wird es auch für die Lachse, denn der Oktober ist die Zeit des Lachszuges. Weil es im Jahr zuvor kaum Lachse in den Flüssen gegeben hat, sprach man schon von einer großen Umweltkatastrophe. In diesem Jahr gibt es sie so zahlreich, dass die Schule einen Klassenausflug ins drei Stunden entfernte südliche Gebiet des Thompson River anbietet. Olaf begleitet die Fahrt und lernt ein Volksfest kanadischer Art kennen. Als der gelbe Schulbus am Adams River ankommt, stehen dort bereits dreißig weitere Schulbusse, unzählige Pickups und einige Wohnmobile. Es gibt Toilettenhäuschen, vier Imbisswagen, Zelte mit Souvenirständen und eine wahre Menschenflut, die sich das Lachsspektakel ansehen will. Alle vier Jahre ist die Population der rückkehrenden und laichenden Lachse besonders hoch, sodass sich dann auch Schulklassen aus weit entfernten Regionen British Columbias auf den Weg machen und ihren Biologieunterricht in der Natur erleben. 15 Millionen Sockeye Salmon sind 2010 in den Adams River zurückgekehrt. Hier wurden sie vor vier Jahren gezeugt, sind dann im Frühjahr geschlüpft, mit der Strömung in den warmen Shuswap Lake geschwommen und haben sich von dort aus ein Jahr später auf den herausfordernden Weg über Stromschnellen, durch den Thompson und Fraser River bis in den salzig-kalten Pazifik gemacht. Zwei Jahre lang schwimmen die Lachse im Ozean bis nach Japan, bevor sie nach vier Lebensjahren ihrer inneren Bestimmung folgen und zurückkehren an den Ort der Geburt. Fischfang durch große Flotten im Meer oder in der Georgia Street, einem Meeresarm vor Vancouver, das Angeln in den Indianergebieten am Thompson oder Fraser River, Adler, Bären, gewaltige Stromschnellen und Wildwasser dezimieren den Bestand der rückkehrenden Fische. Nur zehn Prozent der ehemaligen Jungfische erreichen nach einer siebzehntägigen Reise schließlich erschöpft den Adams River. Die Tiere schwimmen täglich bis zu dreißig Kilometer. Da sie in dieser Zeit keine Nahrung zu sich nehmen, hat sich auch ihr Aussehen verändert. Das Blaugrau ihrer Körper wird zu einem kräftigen Rot. Ihr kräfteraubender, fünfhundert Kilometer lange Weg gegen den Strom dient nur einem Ziel: dem Ablegen und Befruchten der Eier. Ist diese Aufgabe am Ende der Reise erfüllt, sterben die dunkelroten Lachse im flachen Wasser des Flusses und dienen anderen Tieren als Nahrung. Lange laufen die Schulkinder und Erwachsenen am Ufer des Adams River auf und ab und staunen über die riesige Anzahl von Fischen, die sich dort einfinden.

Die unglaubliche Reise der Fische, deren Durchhaltekraft und ihr innerer Kompass lassen Fragen über den Zweck des Lebens, über Ursprünge, Aufbrüche und Heimkehr entstehen. Wo opfern wir uns für eine Sache auf und was ist unsere Bestimmung? Wie sind Generationen füreinander zuständig oder was sind wir unseren Kindern schuldig? Brauchen Kinder Eltern, die sich für sie aufopfern? Oder ist es möglich, Kinder zu begleiten und diesen Weg als Bereicherung statt als Opfer zu verstehen? Wir sind glücklich, Nora in diesem Jahr ihres Lebens viel intensiver begleiten zu können. Gerade die Vorstellung, viel Zeit mit der Familie verbringen zu können, hat Beate letztlich ermutigt, dem Sabbatjahr die Priorität zu geben. Sie hat ihren Beruf leidenschaftlich und mit großem Engagement ausgefüllt. Daneben gab es aber auch Momente innerer Zerrissenheit, wenn dienstliche Termine Vorrang hatten, wenn sie auf geschäftlichen Reisen unterwegs war und weder die Kinder ins Bett bringen konnte noch deren Erzählungen vom Schulalltag oder Kindergarten miterlebte. Viele berufstätige Mütter stecken in dieser Situation. *Working mom* – dies heißt für Frauen, einen Spagat zwischen Familie und beruflicher oder persönlicher Selbstverwirklichung zu versuchen. Das Aufwachsen der Kinder zu erleben und zu gestalten ist eine sinnvolle, wunderbare Aufgabe. Sie darf aber nicht dazu führen, dass junge Frauen plötzlich in der »Familienfalle« feststecken und aus der anfänglichen Phase der Kinderbetreuung nicht wieder in ein eigenes Berufsleben starten können. Dass der Wechsel gelingt, ist nicht nur eine Frage der gesellschaftlichen Rahmenbedingungen, sondern vielfach eine Frage des Familienmanagements, der Rollenverteilung und der persönlichen Schwerpunkte. Wir haben uns bewusst für eine Lebens- und Arbeitsform entschieden, in der wir beide berufstätig sind und uns gemeinsam um Kinder und Haushalt kümmern. Am Beispiel der Lachse stellen wir uns die Frage: Wie können wir unsere Kinder auf ihrem Weg ins Leben begleiten, ohne uns aufzuopfern? Lassen sich individuelle Wege und familiäres Leben miteinander verbinden? Das Familiensabbatical ist ein Versuch, solche Überlegungen praktisch umzusetzen. Diese Reise haben wir nicht für unsere Jüngste, aber mit ihr gemacht. Gemeinsam lernen wir täglich Neues, erleben uns in schwachen und starken Situationen, wachsen dadurch in unserem Beziehungsleben. Das Erlebnis dieser Lachszüge prägt uns stark.

Einige Tage später bringt Nora stolz den ersten Test mit voller Punktzahl von der Schule nach Hause. Unter der Arbeit über das Leben der Lachse steht: *Well done* – sehr gut gemacht!

Auswählen statt auswandern

Wir hatten keine Ahnung, wie viele deutschsprachige Neu-Kanadier wir im Cariboo treffen würden. Die echten Cowboys, denen wir begegnen möchten, entpuppen sich mitunter als ehemalige Landsleute. Wir selbst werden immer wieder mit der Frage konfrontiert, ob wir nicht bleiben wollen in der Weite dieses wilden Westens. Da wir als deutsche Familie außerhalb der Ferienzeit in der Region auftauchen, ordnen uns viele zunächst in die Kategorie der hoffnungsvollen Auswanderer, Zivilisationsflüchtlinge oder Lebensabenteurer ein. Bisweilen schimmert auch die unterschwellige Sorge vor potenziellen Konkurrenten auf einem eng gewordenen Arbeitsmarkt in der dünn besiedelten Region durch. Unseren Sabbatical-Ansatz müssen wir oft erklären, er ist nicht gewöhnlich und kommt in der Praxis kaum vor. Die Faszination des Landes, die Sehnsucht nach einem entspannten, wenig perfektionistischen Lebensstil, die lockere Freundlichkeit der Menschen und die Freiheit, sich selbst auch beruflich neu zu erfinden, lockte und lockt viele Europäer nach Westkanada. Spannend ist, dass wir uns tausende Kilometer entfernt von Europa so europäisch fühlen wie nie zuvor. Aus kanadischer Perspektive spielt es keine Rolle, ob jemand aus Italien, Polen oder Deutschland kommt. Alles ist eine Region. Zudem beschäftigen wir uns fern der deutschen Heimat intensiv mit deren Besonderheiten und Chancen. Gibt es etwas, das uns nach diesen 365 Tagen zurück nach Deutschland lockt? Diese Frage kommt vielleicht nicht so existenziell auf, wenn man vom Arbeitgeber freigestellt wird und zu Hause der vertraute Rahmen wartet und Sicherheit bietet. Wir haben keine Sicherheit. Uns steht so oder so ein Neuanfang bevor. Was spricht also dagegen, in Kanada zu bleiben bzw. die Auswanderung zu wagen? Wir haben einen unmittelbaren Einblick und leben jetzt so, als ob wir dazugehören würden. Unser Alltag ist ein kanadischer geworden. Olaf könnte sich sofort vorstellen, hier zu bleiben. Die gigantische Natur ist genau das, was er liebt. Auch die Verschiedenheit der Lebensentwürfe fasziniert. Der Weite der Natur entsprechen die große Toleranz und Offenheit gegenüber verschiedenen Lebensstilen. Wir treffen echte Originale und lernen, dass Status und Vermögen hier weniger bedeutsam sind als in Deutschland. Es scheint, als würde der Mensch mehr im Vordergrund stehen. »Relax, it's Cariboo« wird auch in unserer Umgangssprache zum geflügelten Wort. Nimm es nicht so wichtig, entspann dich, das wird schon, genieß den Tag und gib jedem Ding seine Zeit – diese Überzeugungen spiegeln sich darin wieder. Kein Wunder, denn die Menschen treten aus der Haustür und haben den Blick frei über Berge, Hügel, Wälder, Seen bis zum entfernten Horizont. Sie sehen die Adler, begegnen wilden Tieren, müssen achtsam und vorausschauend sein. Man kennt die Nachbarn, denn es gibt sie nur in begrenzter Anzahl. Alles zusammen gibt ein Gefühl von Freiheit, das man in Europa nur noch selten in dieser Form antrifft. Gleichzeitig herrscht oft ein einfacher Lebensstandard, unterscheiden sich Ordnungs- und Kulturvorstellungen erheblich von dem, die deutsche Touristen im Kanadaurlaub suchen. Auf diese Marktlücke zielen viele ehemalige deutschsprachige Auswanderer, die sich im Touristengeschäft selbstständig gemacht haben. So wie Elke und Stefan, die wir kennenlernen und die uns zu Freunden werden. Wie die meisten der zugezogenen Europäer haben sich die beiden in einem Urlaub in die Region verliebt, ihre Möglichkeiten geprüft und mit spitzem Bleistift ein Geschäftskonzept ausgeklügelt. Das ist sowieso die Spezialität des ehemaligen Unternehmensberaters. Dieses

Mal berät er keine anderen Unternehmen, sondern plant den eigenen Aus- bzw. Umstieg. Elke und Stefan haben dem hektischen Deutschland und der engen Schweiz den Rücken gekehrt, ihr Geld in den Erwerb eines riesigen Grundstücks gesteckt und ihre »Double Hill Ranch« aufgebaut, eine Lodge, die das Bedürfnis nach europäisch gediegenem Wohnambiente mit dem natürlichen Luxus von Stille, Weite und der Natur des Cariboo kombiniert. Mit ihrer Liebe zu ausgezeichnetem Essen und dem Angebot bester Weine heben sie sich deutlich von herkömmlichen kanadischen Gästeranches ab. Wie die meisten Neu-Kanadier bringen sie sich mit viel Engagement in die Region ein. Sie wissen, dass es viele unterschiedliche Angebote braucht, um eine Gegend für Touristen attraktiv und dadurch auch lebenswert für die Einheimischen zu gestalten, sei es das jährliche Schulfest, die Mühen um die Gründung eines regionalen Tourismusverbandes, die Leidenschaft für den Fußballtreff, den sie im Winter wöchentlich in der Sporthalle der Schule organisieren, oder das internationale Dinner – ein alljährliches gesellschaftliches Ereignis, bei dem man sich in der Gegend vernetzt und für einen guten Zweck spendet. In vielen Gesprächen bekommen wir eine Ahnung davon, wie arbeitsreich das Leben dieser Menschen im Sommer ist. Die Saison dauert nur wenige Monate, in denen fast rund um die Uhr gearbeitet, geworben, geplant wird. Das Aufkommen der Touristen, die Heuernte, der Anbau von Lebensmittel, alles hängt unmittelbar von den Launen der Natur ab und setzt harte Arbeit voraus. Ab Mitte Oktober allerdings, spätestens ab November beginnt die Zeit des Rückzugs, der Muse, des Fußballs. Mann und sogar Frau trifft sich zum Sport, tauscht neuen Klatsch und wichtige Informationen aus und pflegt die Gemeinschaft, für die man im Sommer keinen Freiraum hat.

Wenn wir hier bleiben wollten, dann müssten wir uns in den hart umkämpften Markt der Tourismusbranche begeben. Kanada sucht Einwanderer, ja, aber diese müssen einer Gruppe ausgewählter Berufe angehören und, ganz ehrlich, sie sollten auch deutlich jünger sein als

wir. Wer den passenden Beruf mitbringt, gekoppelt mit guten Englischkenntnissen und einer Portion Abenteuerlust, kann sich der formalen Prozedur des Immigrationsprozesses stellen und bekommt die Möglichkeit zur befristeten, später dauerhaften Einwohnerschaft. Alternativ benötigt man einen großen finanziellen Spielraum und kann sich damit die Aufenthaltserlaubnis oder den geschäftlichen Neustart direkt erkaufen. Wir werden uns nicht näher mit dieser Prozedur und eventuellen Schlupflöchern für eine Einwanderung nach Kanada beschäftigen, denn wir haben auch die Schattenseiten gesehen. Viele der Auswanderer bedauern die Zerrissenheit ihrer Familien. Manche leiden darunter, ihre alternden Eltern nicht tatkräftig unterstützen zu können. Andere sehen sich danach, die Enkel öfter zu sehen und scheuen gleichzeitig die Kosten oder den Aufwand der langen Reise nach Europa. Wer als Familie ins Cariboo Country zieht, der muss wissen, dass Kinder oft sehr einsam in ihrem Naturparadies aufwachsen oder länger im Schulbus sitzen als an der frischen Luft zu spielen. Eine echte Herausforderung ist die weiterführende Ausbildung oder ein Studium, was privat zu finanzieren ist und in der Regel weit entfernt von zu Hause stattfindet. Es macht uns nachdenklich zu hören, wie viele Menschen für größere gesundheitliche Eingriffe immer wieder nach Europa fliegen, weil sie dortigen Spezialisten mehr zutrauen oder lange Wartezeiten in kanadischen Kliniken umgehen wollen.

Gut, dass wir dies alles hier mit eigenen Augen sehen. Es bewahrt uns vor der unrealistischen Sehnsucht auszuwandern, die ja auch in etlichen Fernsehsoaps genährt wird. Uns ist sehr bewusst, was uns in Deutschland wichtig ist und warum wir im Sommer zurückgehen werden: der Wunsch, die Familie in erreichbarer Entfernung zu wissen und Anteil am gegenseitigen Erleben zu haben, die Gewissheit, dass unseren Kindern vielfältige Türen zu einer guten und für uns bezahlbaren Ausbildung offenstehen. Wir können es schätzen, wenn sich Kinder am Nachmittag unkompliziert treffen, dass es kulturelle Angebote gibt, für die man keine Tagesreise zurücklegen muss, und wir an einem funktionierenden Renten- und Sozialsystem in einem wohlhabenden Staat teilhaben. Olaf bringt es auf die kurze Formel: Ich werde es wieder genießen, mit meinem Hund und einem Glas Wein in einem Straßencafé zu sitzen und dabei auf die historische Kulisse am Schillerplatz zu schauen. Dahinter steht die aktuelle Erfahrung, dass Hunde in kanadischen Restaurants nicht erlaubt sind, Alkohol in der Öffentlichkeit oder in Anwesenheit von Kindern ein Tabuthema ist und dass wir bei aller Blockhausromantik auch die Geschichtsträchtigkeit von Gebäuden schätzen. Also wählen wir lieber ein Jahr Leben in Kanada, statt hierher auszuwandern. Wir nutzen jetzt die Möglichkeit, so viel wie möglich von der Schönheit der Natur zu sehen, relaxter zu leben und sind offen für Begegnungen, die sich daraus ergeben.

Unsere Sehnsucht nach Freiheit und Selbstbestimmung führt dazu, dass wir lieber unterwegs, als auf der Ranch sind. Der Wells Gray Provincial Park liegt nur eine gute Autostunde entfernt und so machen wir uns an einem kalten, sonnigen Spätherbstag auf den Weg in den drittgrößten Naturpark von British Columbia, bevor uns der Winter davon abhalten kann. Der Wells Gray Park ist bekannt für seine spektakulären Wasserfälle, die unberührten Berge und die vielen Tiere, die hier einen Lebensraum haben. Uns zieht es auf den 2500 Meter hohen Trophy Mountain, der relativ leicht zu erwandern ist. Im Sommer sind die *alpine meadows*, die blühenden Wildblumen auf den Alpwiesen, die Attraktion des Trophy Mountain. Jetzt im Spätherbst erhoffen wir uns menschenleere Pfade und einen wunderschönen Rundblick über die weiteren Gipfel im Wells Gray Park. Wir nutzen den Yellowhead Highway 5 als Zubringer. Die viel befahrene Straße verbindet den Trans Canada Highway 1 bei Kamloops im Süden mit dem Yellowhead Highway 16, einem der drei großen Zubringer, die den Weg vom Landesinneren über die Rocky Mountains zum Pazifik erschließen. Viele tonnenschwere Trucks rauschen an uns vorbei in Richtung Rocky Mountains und Alaska, als wir in Clearwater, einem netten, kleinen Ort in die Stichstraße zum Wells Gray Provincial Park abbiegen. Nach einigen hundert Metern sehen wir das Schild »Flour Meadows Bakery & Cafe«. Aus dem Reiseführer wissen wir, dass die Inhaber Deutsche sind. Klar, dass wir nicht nur einen Cappuccino trinken, sondern auch leckere Vollkornbrote als Verpflegung für unsere Wandertour erstehen und mit den Betreibern ins Gespräch kommen. Uns interessiert, wie die ehemaligen Leipziger ihr Leben in Westkanada beschreiben und was die Gründe für ihren Ausstieg sind.

»Wir wollen heute leben. Dafür lohnt sich das Abenteuer Kanada. Wir leben doch nicht nur auf die Rente hin. Leben muss erlebt werden«, sagt Monika, die früher in Leipzig arbeitete und heute mit ihrem Mann, einem ehemaligen Tiermediziner, das einladende Café betreibt, voller Überzeugung. Dafür waren sie bereit, sich auf einen riskanten Neuanfang einzulassen. Sie haben die Immobilie gekauft und sich in den Cafébetrieb und die Bäckerei eingearbeitet. Das klingt einfach, aber es setzt die Überwindung bürokratischer Hürden, ein stimmiges Konzept sowie viel enthusiastische Arbeitslaune und Aufbruchsstimmung voraus, vom notwendigen Kleingeld gar nicht zu sprechen. Immer wieder stellen wir fest, dass es gerade die »älteren Semester« sind, die voller Tatendrang durchstarten. Herausforderungen als Chance sehen und sehr intensiv leben, das sei allemal besser als eingefahrenes Mittelmaß, meinen Monika und Kristian. Dem stimmen wir voll und ganz zu. Wir freuen uns jeden Tag mehr über das prächtige Zeit-Geschenk des Sabbaticals. Die Veränderungen kommen schleichend, aber allmählich stellen sie sich ein. Unser Mut wird größer, die Angst kleiner, der Horizont weiter und die Freude tiefer. Wir haben viel Zeit für gute Gespräche zu zweit, mit Nora und mit Menschen, denen wir begegnen. »Was sind bisher die schönsten Veränderungen?«, werden wir manchmal gefragt. Dann spüren wir, dass die Liste schon umfangreich geworden ist: der Rollenwechsel vom Macher zum Beobachter, keine Termine zu absolvieren, Lust zum Lesen und Schreiben zu haben, ruhig zu halten und einfach keine äußeren Pflichten zu erfüllen, Natursachen zu sammeln und Muse zu haben, um mit Nora Geschichten zu erzählen oder etwas zu basteln. Auch als Paar sind wir uns näher gekommen, haben eine größere Tiefe in unseren Gesprächen, schaffen es, kontroverse Themen ohne Verletzungen zu diskutieren. Schmunzelnd stellen wir gemeinsam fest, dass man hier mehr aufeinander angewiesen ist und natürlich die Zeit hat, Themen ohne Ablenkung wirklich auszudiskutieren. Eine Beobachtung, die auch Monika und Kristian teilen.

Erfüllt von guten Gesprächen mit dem Versprechen, dass wir im Dezember noch einmal in die Bäckerei kommen, um uns einen sächsischen Weihnachtsstollen zu kaufen, verabschieden wir uns wie gute Bekannte von den sympathischen Café-Besitzern und fahren die acht holprigen Meilen zum hoch gelegenen Einstieg ins Wandergebiet des Trophy Mountain. Im Schritttempo rumpelt unser alter Chevy den schmalen Weg hinauf. Nach dem Parken umgibt uns nur die paradiesische Stille der Bergwelt. Fünf Stunden, die uns kurzweilig vorkommen, wandern wir über verblühte Alpwiesen, folgen dem schmalen Pfad über kleine Felsen, haben wie erhofft einen atemberaubenden Ausblick und springen nackt in einen eiskalten Bergsee. Unglaublich, wie lebendig das macht. Kein Mensch kreuzt unseren Weg, lediglich Murmeltiere grüßen scheu aus der Ferne. Ein Tag wie ein großes Geschenk – das passt zum morgigen kanadischen Thanksgiving.

An diesem Feiertag Mitte Oktober sind die Familien zusammen, Freunde laden sich ein, es gibt Truthahn oder einen festlichen Braten. Wie Weihnachten auch, lösen solche intensiv zelebrierten Feste den Wunsch nach Heimat, nach Zugehörigkeit aus. Wir gehören momentan nirgends dazu. Wir sind weder Einheimische noch Auswanderer, keine Kanadier und keine Urlauber, dennoch wir müssen den Tag nicht alleine verbringen. Überraschend laden uns Irma und Andi, ein Schweizer Paar, die wir am Highway kennenlernten, zum Lachsessen in ihr Tipi ein. Und es gibt nicht nur gegrillten, duftenden Lachs, sondern auch leckere Rosmarin-Kartoffeln, vorzüglichen Wein und einen Nachtisch, der den Gaumen verwöhnt und sich auf den Hüften niederlässt. Es gibt gute Gespräche am Feuer. Der Wunsch, intensiv, einzigartig zu leben, so, dass man am Ende seines Lebens nicht vor der beklemmenden Einsicht steht, nicht gelebt zu haben, dieser Wunsch eint uns, egal wie verschieden die einzelnen Lebensträume auch sind. Draußen beginnt es zu regnen und als der nicht abziehen wollende Rauch uns schließlich ins Freie treibt, sehen wir einen herrlichen Regenbogen, der von den letzten Sonnenstrahlen des Tages angeleuchtet wird.

Thanksgiving – Zeit zum Danken! Olaf notiert am Abend in sein Tagebuch:

Sabbatical, das ist
- eine Zeit, die meinen Horizont weitet und die ich dankbar annehme
- Dünger für die Partnerschaft
- Familienzeit mit dem Kind
- Entdeckungszeit für Sprache, Sport, Eisbaden, Hund, Pferde, Fotografieren, Gitarre spielen
- Bedenk- und Reifezeit meines Glaubens
- inneres Auftanken und Gesundheitscheck
- Zeit für Lebensfragen: Wie möchte ich alt werden? Was sollen die nächsten Jahre beinhalten?

Mit anderen Augen sehen

Wir erwarten Besuch aus Deutschland. Beates Bruder, der Fotograf ist, will unser Leben hier durch die Kameralinse wahrnehmen. Wir freuen uns nicht nur auf Neuigkeiten aus Deutschland, Briefe von unseren Kindern und Eltern, sondern auch darauf, unsere Freude an dem neu entdeckten Land, an außergewöhnlichen Bekanntschaften und unseren Zeitreichtum mit jemandem zu teilen. Während Nora über Nacht bei Freundinnen bleiben darf, fahren wir mit dem Auto hinunter ins Tal des Thompson River und zwei Stunden südlich nach Kamloops. Dort liegt ein kleiner, fast privat anmutender Flughafen, auf dem die Inlandsflüge von Vancouver oder Calgary landen. Als wir in der Abenddämmerung aus dem Flusstal auf Kamloops zufahren, scheinen die Häuser der Stadt am Horizont in einen rotschimmernden Feuerschein getaucht zu sein. Erst im zweiten Moment wird uns bewusst, dass es die elektrische Straßenbeleuchtung der Stadt ist, die den Lichtschein erzeugt. Es ist uns gar nicht aufgefallen, dass wir die letzten Wochen ohne Straßenbeleuchtung ausgekommen sind!

Das Wiedersehen ist fröhlich. Wir schließen einen müden, weit gereisten Fotografen in die Arme, fahren gemeinsam in eines der Motels und hören bei einem deftigen *Cesar Salad* Geschichten und Grüße von daheim. Obwohl uns das Wetter in den folgenden Tagen nicht mit Sonnenschein verwöhnt, gelingen wunderbare Impressionen unseres Auszeitlebens im Cowboyland. Wir teilen unsere Morgenstille am See, die rustikale Pferdewagenfahrt mit Ken und Jody durch den Wald, löffeln in warme Decken gehüllt Elcheintopf am Lagerfeuer, bewundern gemeinsam den Ausbau der Gästeranch von Stefan und Elke, erleben einen kunterbunten Nachmittag beim *Kids' space* und feiern Olafs 47. Geburtstag auf recht ungewöhnliche Weise.

Am Geburtstagsmorgen liegt Rauhreif auf der Wiese. Es ist minus zehn Grad kalt – und das am 17. Oktober, wo wir in Deutschland oft noch im Garten mit Freunden gegrillt haben. Olaf hat sich selbst das erste Geschenk bereitet. Seit Wochen hat er sich langsam an das eiskalte Baden im See gewöhnt. So kann er es sich leisten, auch bei diesen frostigen Temperaturen ins Wasser zu gehen. Die Freude über das Geschenk eines belastbaren und gesunden Körpers leuchtet ihm aus den Augen, als er mit trocken gerubbelten Haaren schließlich am Frühstückstisch sitzt. Beate hat frische *Scones* gebacken, Brötchen nach Elaines Rezept, und sie duften köstlich! Am meisten freut sich Olaf über eine kunstvoll verzierte, bemalte Wurzel von Nora und dann über den überraschenden Wanderritt, den er allein mit einer Reitbegleitung in die umliegenden Hügel und Waldpfade unternehmen darf.

Wie feiert man einen kanadischen Geburtstag, wenn man gerade erst vier Wochen in einer Gegend wohnt? Mutig einladen und Angebote nutzen! Also nehmen wir das Angebot, im Blockhaus von Bekannten zu feiern, an und laden zwanzig Leute ein. Schweizer, Kanadier, Deutsche und Italiener kommen. Alle bringen etwas Leckeres für den Abend mit und tauen richtig auf, als Olaf seine Handpuppe »Oskar« aus dem Koffer zaubert und zur Gitarre greift. Beate hat einige Fotos zusammengestellt und mit dem Beamer der örtlichen Feuerwehr wird es eine tolle Bildpräsentation. So erfahren die neuen Freunde, woher wir kommen, was uns bewegt und weshalb wir uns eine Sabbatzeit gegönnt haben. Ganz schön cool und mutig finden das die meisten. »Wir sind nicht mutig, sondern konsequent und haben dafür allen Mut zusammengenommen«, beschreibt Olaf unsere Entscheidung. Wir werden reich beschenkt von guten Wünschen, Beiträgen zum Programm, guten Gesprächen und einem leckeren Essen, zu dem jeder Gast auf seine Weise beigetragen hat. Wer eingestehen kann, dass er auf andere angewiesen ist, der gibt seiner Umgebung die Möglichkeit, aktiv zu werden. Helfen können ist den meisten Menschen ein Bedürfnis, aus dem sie selbst wieder Freude ziehen. Hilfe annehmen fällt dagegen vielen Menschen schwer. Die meisten haben gelernt, stark zu sein und Hilfsbedürftigkeit eher als Schwäche auszulegen. Seitdem wir unserem Lockruf zum Leben so offensichtlich folgen, mussten wir umdenken und erleben es als große Bereicherung, dass andere Menschen uns helfen. Immer wieder merken wir, dass dieses Auszeitjahr ohne die vielfältige Unterstützung und Begleitung anderer Menschen nicht umzusetzen wäre.

Die Foto-Woche ermöglicht es uns, mit anderen Augen auf unsere Situation zu blicken. Die Außensicht ist gut. Einen uns wichtigen Ort wollen wir Beates Bruder unbedingt noch zeigen und so fahren wir gemeinsam nach Norden zur Big Creek Ranch. Auf dem fünfstündigen Weg durchquert man Williams Lake, fährt westlich Richtung Bella Coola und verlässt den geteerten schmalen Highway 20 Richtung Chilcotin River Canyon. Einige Kilometer weiter beginnt die Weite der Graslands. Der Canyon schließlich ist gesäumt von felsigen Berghängen, die kaum bewachsen sind. Der tiefe Einschnitt des quirlig wilden Wassers und dazu Abendsonne – ein grandioses Naturspektakel wird uns da geboten. Wir können uns kaum satt fotografieren und fahren erst weiter, als die Sonne schon tief am Horizont steht. Dass man auch ohne Kamera, dafür aber umso schärfer schießen kann, erleben wir wenig später an einer einsamen, verfallenen Holzhütte. Begeistert vom grauschimmernden alten Holz neben dem Blockhaus haben wir angehalten, sind durch verfallene Räume gestromert und haben uns gerade am Türrahmen für ein Foto platziert, als plötzlich ein Schuss fällt. Überrascht und unbehaglich fragen wir uns, ob es wirklich sein kann, dass jemand auf uns schießt, oder ob wir einer Jagd in die Quere gekommen sind. Da taucht auf einem Feldweg ein Quad auf. Der Fahrer ist ein ungepflegt aussehender Mann, der ein Gewehr vor sich auf den Knien liegen hat. Jetzt warten wir nicht länger. Seine Argumente sind durchschlagender Natur, sodass wir keinen Wert auf eine Diskussion legen. Obwohl wir nirgends ein Schild gesehen haben, müssen wir annehmen, unerwünscht auf privatem Land zu sein. Auf so ein *shooting* können wir verzichten! Wild ist er, dieser Westen!

Als wir spät am Abend auf der Big Creek Guest-Ranch ankommen und unseren Gastgebern von der merkwürdigen Begegnung erzählen, sind diese entrüstet. Das darf selbst in der Wildnis nicht passieren. Auch hier draußen gibt es ein Recht und Spielregeln, zu denen das Vertreiben von Foto-Touristen per Gewehr jedenfalls nicht zählt. Wie auch immer, das Erlebnis ist gut ausgegangen und es hat uns gelehrt, noch vorsichtiger und sensibler zu handeln.

In Big Creek haben wir das Gefühl, dass ein Kreis sich schließt, denn hier begann vor drei Jahren unser Traum von einer Zeit des Lebens in Kanada, die über einen Urlaub hinausgeht. Hier verliebten wir uns endgültig in diese wunderschöne Landschaft, in die mitunter rauen, aber starken Menschen und hier hat die Entscheidung, einen Hund in unsere Familie aufzunehmen, ihren Ursprung. Es ist für uns bewegend zu sehen, dass Träume Wirklichkeit werden, auch wenn die Umsetzung anders und wesentlich herausfordernder war als gedacht.

Beates Bruder fliegt zwei Tage später von Williams Lake aus wieder nach Vancouver und zurück nach Deutschland. Er nimmt nicht nur Unmengen von Bildern, sondern auch einen lebendigen Eindruck von unserem Sabbatical, von der Weite der Natur, der damit verbundenen Einsamkeit und veränderten Lebensweise mit. Ihn zieht es nach einer Woche wieder in zivilisiertere Gegenden mit unkompliziertem Zugang zu Handyempfang, Strom und Internet. Die Orte, an denen sich Menschen wohl und geborgen fühlen und sich entspannen können, sind ganz offensichtlich unterschiedlich. Das Kunststück besteht darin, den Ort, die Personen und letztlich das Leben zu finden, das man sich erträumt. Um glücklich zu werden und zu bleiben, darf man sich nicht an anderen orientieren, sondern muss dem ureigenen Lockruf des Lebens auf die Spur kommen.

Wenige Tage nach diesem Trip in den Norden wird unverhofft ein Ortswechsel wahr, von dem wir nicht zu träumen gewagt hatten. Jody, die feinfühlige neue Freundin, hat unsere unausgesprochene Sehnsucht nach einem Zuhause mit mehr persönlichem Freiraum offensichtlich wahrgenommen. Sie fragt uns, ob wir uns freuen würden, wenn wir in das leerstehende Blockhaus bei guten Freunden von ihr ziehen könnten. Diese Frage, die rührende Fürsorge, die Aussicht auf einen Winter im Blockhaus und einen größeren Spielraum für uns alle öffnet innere Türen und bei Beate fließen die Tränen. Wenn Tränen der Schweiß der Seele sind, wie man so sagt, dann hatte diese Seele viel zu tun in letzter Zeit. Innerhalb von wenigen Tagen ist alles abgesprochen. Nora hat sich mit uns das neue Haus angeschaut. Wir wollen auf ihre Meinung Rücksicht nehmen. Ob sie sich einen erneuten Schulwechsel vorstellen kann? Sie kann! Es sind Herbstferien – einen besseren Zeitraum für den Umzug hätten wir nicht wählen können. Ken kommt mit dem großen Truck. Wir laden Hundeflugbox, etliche Kisten, Koffer, den neu gekauften Staubsauger und Noras kostbare Sammlung von Muscheln, Steinen und Treibholz auf die Ladefläche. Der Abschied von der Ranch fällt uns trotz der großen Erleichterung schwer. Denn äußerlich hatten wir hier alles, was wir uns für ein Sabbatjahr erträumt hatten. Der Blick auf Pferde vor dem Fenster, die Abgeschiedenheit und das nächtliche Heulen der Koyoten werden uns fehlen.

Doch so ist das mit dem Abschied – wir kennen es inzwischen. Jeder Wechsel fordert heraus und ist selbst dann mit Loslassen verbunden, wenn etwas Besseres auf dich wartet. Das Bessere erwartet uns dreißig Kilometer westwärts. Zwei Stunden später haben wir unser neues Zuhause bezogen. Das Blockhaus ist ein Traum – helle, massive Holzbalken, ein gusseiserner Ofen und eine rustikal-geschmackvolle Möblierung. Ein Berg von Feuerholz liegt schon bereit. Das Haus steht am Waldrand an einem Hang oberhalb des im Winter geschlossenen Fischercamps am Horselake. Aus riesigen Fenstern können wir auf den See und das bewaldete gegenüber liegende Ufer blicken – Herz, was willst du mehr? Jetzt sind wir tatsächlich angekommen.

Novemberblues

Der Umzug kam keinen Tag zu früh. Am nächsten Morgen sieht die Welt weiß aus. Wir haben den ersten richtigen Wintereinbruch und stellen fest, dass sich an unserem Auto der Allradantrieb nicht zuschalten lässt. Nur mit größter Mühe kommen wir den steilen, kleinen Hügel zum Highway hinauf. Wie soll das erst mitten im Winter gehen?

Wo gibt es die nächste Werkstatt und welches Loch wird die Reparatur in unserer Kasse hinterlassen?

Zum Glück wissen die erfahrenen Nachbarn Rat. Bruno, unser neuer Vermieter, greift zum Telefon, bittet einen seiner Bekannten um Hilfe und wir dürfen den Chevy in Brunos Garage fahren, die das Herz jeden Mannes (vielleicht auch das mancher Frauen) höher schlagen lässt. Mit Schweizer Gründlichkeit sind die Werkzeuge untergebracht. Es gibt Platz für alles, womit man fahren kann – vom vierrädrigen Quad mit Schneepflug über Schneemobile, Geländewagen bis hin zum Mountainbike. Die geheizte Garage ist ein Blockhaus für sich. Was ein richtiger Kanadier ist, der braucht viel »Spielzeug« und dessen Garage ist oft genauso groß wie sein Haus. Bruno und Dora sind trotz ihrer Schweizer Herkunft inzwischen echte Kanadier. Seit mehr als zwanzig Jahren haben sie sich ein kleines Imperium am Horselake aufgebaut und führen ihr Cariboo-Bonanza-Resort mit Liebe und Engagement. Während die Eltern deutsch mit uns sprechen, bleiben die drei Kinder bei ihrem kanadischen Sound, der für sie zur Heimat geworden ist.

Während die Männer das Getriebe des Autos unter die Lupe nehmen, bekommen wir Frauen allerhand Nützliches für unseren Haushalt angeboten. Ich bin dankbar für den Mixer und Nora darf sich einen wunderschönen Holz-Bauernhof zum Spielen ausleihen. Sie wird außerdem mit einer warmen Winterjacke, Handschuhen, Mütze und einem Paar Schlittschuhe ausgestattet. Wir lauschen den begeisterten Erzählungen vom Eislaufen auf dem zugefrorenen Horselake. Heute schimmert er unnahbar, graublau. Der eiskalte Nordwind lässt Wellen ans Ufer klatschen. Dass diese riesige, zwölf Kilometer lange und eineinhalb Kilometer breite Wasserfläche zufrieren wird, können wir uns noch nicht vorstellen. Doch Dora und die Kinder schwärmen vom Sirren und Donnern des Eises in klirrend kalten Winternächten und vom Treffen mit Nachbarn beim Eisangeln auf dem See. Sie machen uns neugierig auf den bevorstehenden Winter, vor dem uns viele gewarnt haben. Wer die langen, eisigen Monate hier gut übersteht, der sei kanadatauglich. Ob wir dazu gehören, wird sich in den nächsten Wochen herausstellen. Am Abend sitzen wir glücklich vor dem prasselnden Ofen, fühlen die wohlige Wärme im Blockhaus und spinnen gemeinsame Pläne für die Zeit bis Weihnachten. Vor dem Haus steht ein Auto mit wieder funktionierendem Allradantrieb. Wir haben neue Winterreifen mit Spikes gekauft. Der Winter kann kommen!

An Noras erstem Schultag in der neuen Schule stapfen wir gemeinsam, jeder noch etwas schlaftrunken, durch den halbdunklen Wald den Hang hinauf. An der Haltestelle »Wolfe-Road« warten noch etwa acht weitere Kinder, die uns neugierig mustern, als eine Familie mit Hund und Kind auftaucht. Die meisten Kinder werden mit einem Auto bis zur Schulbushaltestelle gebracht. Verglichen mit den zurückliegenden Erfahrungen, geht es am Horselake schon wieder zivilisierter zu. Auch wenn man keinen Nachbar direkt neben sich hat, so leben wir doch eher in einer großflächigen Siedlung, von wirklicher Einsamkeit sind wir trotz der frischen Elchspuren, die unseren Weg an diesem Morgen kreuzen, weit entfernt. Zuversichtlich steigt Nora, inzwischen eine erfahrene Gastschülerin, zusammen mit den anderen Kindern in den Bus. Ihr Englisch ist mittlerweile schon so gut, dass sie einfache Sätze durchaus versteht.

Umso größer ist der Schock, als wir am Nachmittag ein stilles Kind mit verweinten Augen in die Arme schließen. Nur stockend erzählt sie uns, dass der Lehrer sie mit ihrem noch holprigen Englisch offensichtlich nicht versteht, viel zu schnell mit ihr spricht und dass ein rüder Ton unter den Kindern herrscht. Sie fühlt sich ausgegrenzt und allein. Das unterschwellig vorhandene Heimweh nach vertrauten Freunden, den geliebten Geschwistern und der Sicherheit eines beständigen Zuhauses bricht mit voller Wucht hervor. Wir hören zu, trösten, vertrösten.

Doch eine Lösung haben wir nicht. Man fühlt sich so hilflos in der Situation und würde dem Kind gerne den Weg ebnen. Als wir bei Tee und Keksen in trüber Stimmung in einen ebenso trüben Novembernachmittag schauen, klopft es an der Tür und Jody schwebt, just in time, einem Engel gleich, mit Büchern für Nora und einer Einladung für uns ins Haus. Sie ist der rettende Anker in unserer misslichen Lage. Dass auch ihre Kinder in dieselbe Schule gegangen sind, tröstet Nora. Wir sollen nicht vorschnell aufgeben. Als sie nach einer Stunde weiterfährt, sieht die Welt schon etwas heller aus.

Wir erinnern uns an die klugen Worte: Love it, leave it or change it – liebe es, lass es oder ändere es. Jetzt wenden wir sie für uns an. Da wir nicht davonlaufen können und die Situation nicht geeignet ist, um sich damit zu befreunden, bleibt also nur der Mut, etwas zu ändern. Selbst kleine Veränderungen sind ein Schritt heraus aus dem mutlosen Nichtstun. Wir haben wenig zu verlieren und die Chance, für Nora eine erfreulichere Schulsituation zu schaffen. Jodys Besuch hat uns Mut gemacht, nicht aufzugeben.

Wir setzen auf eine Doppestrategie. Einerseits machen wir Nora Mut, morgen mit frischer Kraft auf den Lehrer und die Mitschüler zuzugehen und nicht beim ersten Gegenwind gleich zurückzuweichen. Parallel dazu wagt sich Beate an eine persönliche E-Mail, in der wir dem Klassenlehrer beschreiben, wie unglücklich Nora aus der Schule kam, und ihn um ein Gespräch bitten. Kurz schwebt der Finger noch über der »send«-Taste. Die innere Stimme fragt: »Können wir das hier in Kanada einfach so machen? Sollen wir nicht doch lieber noch einige Tage abwarten? Treten wir dem Lehrer zu nahe und verschlimmert es sogar Noras Situation?« Doch wir wollen handeln und ab geht die elektronische Post. Die Anspannung löst sich, als am nächsten Nachmittag eine glückliche Nora aus dem Schulbus steigt. Uns fällt ein tonnenschwerer Stein vom Herzen. Wir schicken ein Danke zum Himmel und lassen uns auf dem Heimweg erzählen, was den Umschwung ermöglicht hat. Gleich morgens hat der Klassenlehrer mit Nora gesprochen und sich entschuldigt, vielleicht ein wenig zu ruppig zu sein. Er sei eben eher der Typ Grizzlybär, aber ein netter. Wie sich herausstellte, ist er etwas schwerhörig und seine fehlende Reaktion hatte nicht mit Noras Wortschatz, sondern eher mit der Lautstärke ihrer Beiträge zu tun. Auch die anderen Schüler waren nicht so schlimm, wie es am Tag zuvor den Anschein hatte. Kurzum, die Klasse sei ganz okay. Welch ein Glück! Wir sind total erleichtert. Bei so viel Leichtigkeit laufen die Beine ganz von allein, sodass wir noch eine zweistündige Wanderung durch den Wald auf den nahen Huckleberry Mountain anschließen. Dort oben, auf einem windigen Plateau mit herrlichem Weitblick über den Horselake haben wir vor einigen Tagen zusammen mit Ken und Jody steinerne Wegzeichen, sogenannte *Inukshuks* gebaut.

Die kleinen Steinfiguren sind tatsächlich standfest. Sie haben Wind und Wetter getrotzt, tragen inzwischen aber eine weiße Kappe auf dem Kopf. Auf dem Gipfel stehend, denken wir über unsere Wegzeichen in den letzten Wochen nach. Was hat uns ermutigt, den Wechsel der Unterkunft zu wagen? Woran haben wir uns orientiert? Welche Kraftquellen haben wir entdeckt und welche Bedeutung haben die Sorgen und Ängste, denen wir uns stellen mussten? Was wollen wir daraus für die Zukunft lernen? Welches Wegzeichen können wir innerlich für uns errichten? Wir haben einander unsere Ängste eingestanden und geteilt. Gestern und heute haben wir erlebt, dass Mut wächst, wenn man sich seiner Ängste bewusst ist und dann dennoch handelt. Die Sorge, dass Noras Neustart in der Schule eine Erfahrung der Ausgrenzung wird, hat dazu geführt, dass wir unsere sprachliche Komfortzone verlassen und den Kontakt zum Lehrer gesucht haben. Die Angst, nicht verstanden zu werden, hat sich bei Nora in mutiges Handeln gewandelt. Sie hat gelernt, dass es neben der Sprache noch mehr Möglichkeiten der Kommunikation gibt. Es spielt eine Rolle, ob ich mit Neugier und Selbstvertrauen oder angespannt und unsicher in eine neue Gruppe hineingehe. Wir haben gemerkt, wie schnell man die Haltung anderer Menschen interpretiert und wie gefährlich es ist, diese eigene Sicht für die einzig gültige Wahrheit zu halten. Wir haben in den letzten Tagen etliche Höhen und Tiefen erlebt und erlitten. Sie haben uns stärker gemacht, weil wir ein Team sind, das einander den Rücken stärkt, weil wir Freunde haben, die uns Mut und Mitgefühl geben, weil wir erkennen, dass wir die Wahl haben, wie wir auf solche Turbulenzen im Leben reagieren. Dieses Wissen ist ein Schatz, denn es ist nicht nur erlesen, sondern sehr persönlich erlebt.

Am nächsten Wochenende nehmen wir die Einladung zum Schlachtfest, dem *Butchern*, bei Ken und Jody auf der Ranch an. Zwei junge Bullen sollen geschlachtet werden, um wieder Fleisch und Wurst für den eigenen Bedarf zu haben. Viele Menschen schätzen die Möglichkeit, sich selbst zu versorgen. Es ist ihre Reaktion auf die Nachrichten über Finanzkrisen, Verknappung der Rohstoffe und ansteigende Preise. Wie ihre Vorfahren, die Pioniere des Wilden Westens sehen sie den Ausweg in der Unabhängigkeit. Deshalb werden alte Techniken gepflegt, Werkzeuge wie Kostbarkeiten behandelt, frühere Rezepte zur Herstellung oder Verarbeitung von Nahrungsmitteln sorgsam gehütet. Das Wissen um die Feinheiten des Schlachtens gehört dazu. Ganz nebenbei ist es ein riesiges Fest, zu dem Freunde und Familienangehörige aus ganz British Columbia anreisen.

Wir folgen einer hellroten Spur aus frischem Blut, die sich über das Grundstück bis zum Ranchhaus zieht. Offensichtlich kommen wir zu spät. Das *Butchern* ist schon in vollem Gange. Zwischen den Bäumen hängt, von einem Traktor mit Seilwinde gezogen, der Körper eines Stieres. Der Kopf schleift auf der Erde, die Augen sind blicklos und aus dem offenen Bauch werden die Innereien gerade in ein großes, altes Ölfass geleert. Fünf Männer und Frauen sind gleichzeitig damit beschäftigt, mit blutig verschmierten Messern riesige Fleischbrocken von den Knochen zu lösen. Wir müssen erstmal schlucken. Darauf war keiner von uns wirklich vorbereitet. Das also heißt schlachten. Uns verweichlichte Städter überkommt natürlich Mitleid, als wir den zweiten Stier nervös auf der Weide hin und her gehen sehen. Dennoch wollen wir das Schlachten von A bis Z mitbekommen. Schließlich sind wir keine Vegetarier und wer bereit ist, Fleisch zu essen, der sollte auch wissen, dass dafür ein Tier sterben muss. Es ist die »food-chain«, der Kreislauf der Nahrung, den wir ganz direkt miterleben. Fressen und gefressen werden. Der Stärkere tötet und wir Menschen sind da keine Ausnahme, wenn es um unsere Nahrung geht. Die Frage ist, mit welcher Würde dies dem Tier gegenüber geschieht. Nur weil wir in Deutschland beim Schlachten nicht dabei sind, ist das Fleisch hinter sauberen Theken, adrett mit Petersilie verziert noch lange nicht einfach vom Himmel gefallen. Vielleicht würden wir schlagartig zu Fleischverweigerern, wenn wir die Umstände der Tierhaltung in unserem Land genau kennen würden. Hier auf der Ranch wissen die Menschen, welches Fleisch auf ihrem Teller und Grill landet. Sie kennen die Tiere, haben sie eigenhändig gefüttert und dann auch selbst getötet. Dass dies nicht jedermanns Ding ist, merken wir, als nur einige Männer mit auf die Weide gehen, wo der Stier erschossen werden soll. Nora will unbedingt dabei sein. Mit einem kurzen Blick verständigen wir Eltern uns und wissen, es ist für ein Kind sicher besser, die Härte der Natur unmittelbar zu erleben, als am Fernseher scheinbar unbeteiligt die größten Grausamkeiten anzusehen. Wir halten uns die Ohren zu, als der Schuss aus kurzer Entfernung den Stier trifft. Dem mächtigen Tier knicken die Beine ein und es fällt blutend in den Schnee. Schon eine halbe Stunde später erinnert das ausgeblutete Fleisch nicht mehr an ein lebendiges Tier. Wir sehen, wieviel harte Arbeit notwendig ist, bis wir ein schmackhaftes Steak auf dem Teller haben. Das wird einem nicht klar, wenn man durch lange Gänge in übervollen Supermärkten schlendert!

Schließlich sind die gewaltigen Fleischbrocken auf der Ladefläche von Kens Pickup verstaut. Sie müssen zum Metzger gefahren werden, der die Rechtmäßigkeit der Schlachtung anhand der Besitzverhältnisse bestätigt und die Beschau und Filetierung des Rindfleisches übernimmt. Bei aller Freiheit, die Jagd und das eigene Schlachten sind streng geregelt und man tut gut daran, sich darauf einzustellen. Nachdem die schwerste Arbeit getan ist, schlüpfen die Helfer aus ihren blutigen Skianzügen, welche als Arbeitskleidung dienen, und die muntere Truppe verteilt sich im Haus. Jeder hat etwas zum gemeinsamen Essen mitgebracht. Es gibt Wildeintopf, frisch gebackene Brötchen und von uns einen Apfelkuchen nach deutschem Rezept. Geschichten machen die Runde, man plaudert aus dem Leben, tauscht sich aus. Uns fällt auf, dass niemand erzählt, um zu imponieren oder seinen Status zu festigen. Es geht um die Bereicherung der Gesprächsrunde. Nicht die Selbstdarstellung, sondern das Lernen voneinander scheint Kern der Gespräche zu sein. Außerdem ist der trockene Humor der Rancher herrlich. Als hätten wir unglaublich große Leistungen vollbracht, werden wir zum Schluss dieses Tages großherzig beschenkt.

Jody hat uns vom Thriftstore in 100 Mile House Winterjacken organisiert und stellt Langlaufski für uns drei bereit. Der Thriftstore ist eine Art Sozialkaufhaus, in dem man günstig gebrauchte Waren aller Art bekommen kann. Da Jody einmal wöchentlich dort arbeitet, hat sie mit praktischem Blick einfach für uns eingekauft. Verblüfft nehmen wir die Geschenke an. Das sogenannte X-Country-Skifahren, wie man das Langlaufen hier nennt, scheint eine ideale Wintersportart für uns zu werden. Jetzt sind wir perfekt dafür ausgestattet und freuen uns schon auf gemeinsame Touren.

In den nächsten Tagen finden wir in einen neuen Alltag am Horselake hinein. Morgendliche Wanderungen, nachdem wir Nora zum Schulbus begleitet haben, wechseln sich ab mit intensiven Schreib- und Lesephasen. Natürlich müssen immer wieder auch Lebensmittel in der Stadt eingekauft werden und wir nutzen diese Fahrten für einen gepflegten Stopp im Café »Chartreuse Moose«, wo wir mittlerweile wie Einheimische unsere *Coffee-Card* zücken und freundlich gegrüßt werden. Mittwochs fahren wir gemeinsam zur abendlichen *House-church* auf die Ranch von Nicki und Pete, treffen dort Menschen, die uns zu Freunden geworden sind und nutzen die Gelegenheit, englisch zu reden. Obwohl wir dies auch unter uns zu dritt versuchen, gelingt es nicht immer. Tiefer gehende Gespräche oder auch der Austausch mit Nora geschehen im vertrauten Deutsch.

Am 18. November gibt es zwölf Zentimeter Neuschnee bei minus 17 Grad. Die Kälte soll in den nächsten Tagen weiter zunehmen. Der See dampft morgens, als ob er ein heißer Whirlpool wäre. Es ist ein faszinierender, ungewohnter Anblick, die weißen Schwaden wie Nebel vom Wasser aufsteigen zu sehen. Ob es der Gedanke an einen Whirlpool oder der Gedanke an das baldige Zufrieren des Sees ist, egal – Olaf ist hoch motiviert, sein Eisbaden mit einem krönenden Abschluss zu beenden, bevor die Eisfläche den Badespaß verdirbt. Er hat sich präpariert. Damit der eisige Wind wenigstens nicht die Ohren verkühlt, trägt er eine Pelzmütze und auch die Badehose ist ein Muss. Beate steht mit einem Seil am Ufer, denn der Einstieg ist nicht ganz leicht. Erste Vereisungen, die verschneite Böschung und der unbarmherzige Wind machen es schwer, überhaupt ins Wasser zu gelangen. *Polarbear swimming*, Eisbärenschwimmen, nennen die Kanadier diese Form des winterlichen Wasserkontaktes. Zum Glück bleibt Olaf nicht zu lange im Wasser. Es sieht eisig ungemütlich aus, als er im grauen Schneetreiben zwischen ersten Eisschollen im Horselake schwimmt. Erst recht unangenehm wird der Weg zurück zum Haus, denn die tauben Finger und Zehenspitzen verhindern ein schnelles Anziehen von Fleecejacke und Hose. Da kann der Weg zum Haus ganz schön lang werden! Später, mit einem warmen Tee vor dem knisternden Ofen, meint er: »Die wilde Tour, von der ich in Jack Londons Büchern gelesen habe, kann ich mir nicht vorstellen. Stell dir vor, der Hundeschlitten bricht im Eis ein und du gehst mit all deiner Montur baden. Wie soll man in so einer Situation aus dem Wasser kommen, seine nassen Sachen ausziehen, bevor sie einem an den Leib frieren, trockenes Holz für ein Feuer zusammentragen und sich daran zum Leben erwecken? Unvorstellbar!« Dennoch ist er stolz, jetzt zu den Polarbären zu gehören und fühlt sich gut auf den Winter vorbereitet. Gemeinsam hoffen wir, dass niemand von uns in die Situation gerät, ins Eis einzubrechen.

Noch besteht keine Gefahr, denn auch in den nächsten Tagen bleibt es zwar eisig kalt, doch die Eisschollen bilden keine Fläche, sondern mit ihrem Klirren und Dröhnen nur ein gigantisches Naturspektakel. Bei mittlerweile minus zwanzig Grad geht es morgens durch die »Anziehschleuse«. Wir brauchen lange Unterwäsche und mummen uns dick mit Mütze, Schal und Handschuhen ein.

Wenn wir mit rot gefrorenen Nasen von unserem Spaziergang zurückkommen, gönnen wir uns eine Zeit der Stille. Die Stühle vor dem großen Fenster, den Blick auf den See und das gegenüber liegende sonnige Ufer gerichtet, lesen wir uns gegenseitig vor und lassen das Gehörte in der Stille wirken. Eine wunderbare Lektüre ist das schmale Büchlein von Luise Reddemann mit dem Titel »Auch eine Reise von 1000 Meilen beginnt mit dem ersten Schritt«. Es geht darin um die Frage, wie man lernen kann, bei Krankheiten, Schicksalsschlägen, innerem Ausgebranntsein aus dem Kreislauf von Angst und Lähmung herauszukommen. Welche Schritte führen heraus aus inneren Sackgassen und hinein in zuversichtliches Handeln? Man muss solche Texte lesen, bevor man sie existenziell braucht und bevor die Kraft schwindet! Wir lesen sie als Energiequelle, lassen sie in uns wirken und tanken auf in der Stille. Im Sabbatical wollen wir die Haltung der Achtsamkeit einüben und praktizieren. Es geht darum, sehr bewusst im Augenblick präsent sein. Das klingt zwar einfach, aber es gelingt erst nach und nach, dem eigenen Atem und dem Herzschlag aufmerksam zu begegnen. Nichtstun will gelernt sein und das dauert länger, als wir vermutet haben.

Behutsam, fast unmerklich zieht innere Balance ein, lässt die Anspannung, etwas leisten zu müssen oder zu wollen, nach. Wir lassen nicht nur innerlich los, sondern möchten auch äußere Gewohnheiten verändern. Für diesen Monat haben wir uns entschieden, auf Alkohol und Kaffee zu verzichten. Dabei spüren wir, wie oft wir Rituale der Entspannung mit solchen lieb gewordenen Genussmitteln verbinden. Es dauert einige Tage, bis die nachmittägliche Tee-Zeremonie statt dem gewohnten Kaffee ein Wohlgefühl aufkommen lässt. Abends trinken wir frisch gepresste Zitronen oder Tee mit Ingwer statt Wein. Es tut uns gut, die Unabhängigkeit von Gewohnheiten und dadurch unsere Entscheidungsfreiheit zu spüren. Wir haben gute Erfahrungen damit gemacht, uns bewusst Grenzen zu setzen. Pausen- oder grenzenloses Konsumieren, Reden, Essen, Trinken tut nicht gut.

Durch unseren Verzicht gewinnen wir nicht nur Freiheit, sondern auch Freiräume. Besonders Beate genießt es, am Nachmittag Zeit zum Basteln, Lesen und Spielen mit Nora zu haben und sich ganz auf das Kind einlassen zu können. Wir beide wissen, dass solche Zeiten begrenzt sind. Kinder sind nur Gäste in unserem Leben. Gut, wenn wir die gemeinsame Zeit bewusst gestalten können. Es ist auch nötig, gemeinsam etwas zu unternehmen, denn die Tage werden kurz und die früh einsetzende Dunkelheit ist eine Herausforderung. Wenn Nora um drei vom Schulbus nach Hause kommt, zwingen wir uns, auch bei Wind und Wetter noch mindestens eine Stunde lang das Tageslicht im Freien zu nutzen. Dann muss Holz gehackt und auf dem Schlitten zum Haus transportiert werden, damit die Hütte am Abend warm ist. Anschließend wird gerodelt oder am Seeufer nach Fischottern Ausschau gehalten, bevor wir schließlich zum nachmittäglichen Tee ins Haus gehen. Über diese Rituale hinaus gibt es kaum Abwechslung von außen. Denn Besuch kommt während der Woche keiner. Es gibt kein Telefon, was klingeln könnte. Noras Kontakt mit anderen Kindern ist auf die Schulstunden oder Wochenenden begrenzt. An manchen Tagen kommt so etwas wie Novemberblues auf. Da kann die Zeit bis Weihnachten ganz schön lang werden. Doch wir verdrängen Gedanken an den geschmückten Stuttgarter Weihnachtsmarkt, an Glühwein, Punsch oder Plätzchenbacken. Jetzt sind wir in Kanada und das zählt. Und doch merken wir: Eine Aktion muss her!

Wir erinnern uns an Elaines Anfrage zur Mitarbeit im *Kids' space* und ihre Suche nach einer tollen Idee für die Weihnachtsfeier in der *Community hall*. Vielleicht ist genau hier der Punkt, an dem wir helfen und mitmachen können! Wir sind ja aufgewachsen mit der Tradition der Krippenspiele und haben in Stuttgart viele davon mit Kindern eingeübt und aufgeführt. Eine Idee ist geboren. Könnten wir nicht mit Kindern aus der Umgebung ein Weihnachtsspiel einstudieren und für andere vorführen? Doch auch Bedenken sind da. So ein Krippenspiel macht viel Mühe, es setzt häufige Treffen und gezieltes Üben voraus. Können wir das hier erwarten? Welche Eltern würden ihre Kinder zusätzlich zu Proben fahren und wo sollte man diese Proben abhalten? Nein, das scheint alles zu kompliziert zu sein. Aber die einmal entstandene Idee glimmt und glüht in unseren Köpfen weiter. Da kommt uns der zündende Einfall. Wie wäre es, wenn wir mit den Kindern ein einmaliges Treffen veranstalten und bei einem Fotoshooting die Weihnachtsgeschichte bei den Cowboys nachstellen? Diese Fotogeschichte könnten wir dann, in eine Erzählung eingebettet, mithilfe eines Beamers im Gemeindesaal zeigen. Die Kinder hätten eine Aktion, wären beteiligt und könnten ihre Familien zur Weihnachtsfeier des *Kids' space* einladen. Wir kennen solche Präsentationen aus Deutschland, hier wäre so etwas eine Attraktion. Nora beginnt sofort zu planen: »Die Hirten sind Cowboys und sie hüten keine Schafe, sondern Kühe. Maria müsste auf einem Pferd reiten und zur Krippe würden die Cowboys Felle und Essen mitbringen.« Wir erzählen Elaine von unseren Plänen und finden überall engagierte Unterstützer. Pete und Nicky stellen ihre Ranch als Quartier und ihren Stall als Kulisse für das Fotoshooting zur Verfügung. Bill organisiert von der Feuerwehr im Distrikt eine Leinwand und einen Beamer für die Aufführung. Ken und Jody wollen ihren Sohn und dessen Freundin als Maria und Josef anheuern. Elaine übernimmt die Werbung, informiert die Eltern und kümmert sich um die Einladungen. Wir überlegen uns ein kleines Drehbuch und Beate schreibt die biblische Weihnachtsgeschichte so um, dass sie im Cariboo statt zwischen Nazareth und Bethlehem spielt. Die Botschaft gilt schließlich allen Menschen. Das Projekt »Christmas for Cowboys« belebt und begeistert in Kürze viele Menschen. Und für uns und unseren Novemberblues kommt es zur richtigen Zeit. Außerdem ermöglicht es Nora Kontakt zu anderen Kindern sowie eine große Portion Vorfreude auf Weihnachten. Am 20. November ist es so weit. Wir treffen uns vormittags im bullig geheizten Ranchhaus mit fünfzehn Kindern, die ihre Cowboyhüte und Stiefel dabei haben. Was in Deutschland einem Kostüm gleichkäme, ist hier ganz gewöhnliche Arbeits- oder Festtagskleidung. Spätestens im Sommer beim Bridge Lake-Rodeo werden wir etliche der kleinen Cowboys in Aktion sehen. Heute aber könnte man bei minus zwanzig Grad und Schneetreiben eher Moonboots gebrauchen. Da etliche Kinder noch nie von der biblischen Weihnachtsgeschichte gehört haben, erzählt Beate zuerst von Maria und Josef, deren beschwerlicher Reise nach Bethlehem und der bevorstehenden Geburt. Dass Hirten auf dem Feld von Boten Gottes geweckt werden und zu den ersten Besuchern des neugeborenen Kindes im Stall werden, gefällt den Kindern. Auch hier gibt es viele Familien, die sehr arm sind. Und die Vorstellung, Unterkunft in einem Stall zu finden, erscheint ihnen nicht so fremd wie Kindern in einer deutschen Großstadt. Selten haben wir die Weihnachtsgeschichte so intensiv erlebt. Die Kinder sind voll dabei, als wir durch den Schnee zur Scheune stapfen. Wir klettern über alte Holzzäune, werden von den schneebepuderten Kühen neugierig beäugt, finden frierend Unterschlupf in dem baufälligen Stall und schießen jede Menge Fotos. Zwischen Heuballen, im Schneegestöber und neben den Kühen entstehen wunderbare Motive. Nicht nur die kleinen Akteure, auch wir sind halb erfroren, als wir später den Schnee von den Stiefeln klopfen und im Ranchhaus eine Tasse warmen Tee trinken. Das tut gut! Die Kinder sind neugierig, was für eine Bildgeschichte entstehen wird. So etwas gab es hier noch nie. Dann werden die kleinen Akteure von ihren wartenden Eltern wieder abgeholt, doch unsere Arbeit ist noch nicht getan. Wir müssen noch einmal raus, denn das Fotoshooting mit Maria und Josef alias Amber und Jim steht noch aus. Die beiden haben sich mit Jodys Hilfe ganz traditionell im Stil der In-

„O Canada, our home and native land ..." © privat

Auf der Big Creek Ranch © petergrosslaub.com

Landart – Lebenskunst am Pazifik

© privat

Schulalltag am Highway 24 © petergrosslaub.com

Endlich Zeit zum Schreiben © petergrosslaub.com

Anhalten und sich vom Leben einholen lassen © privat

Unbegrenztes Grasland © privat

Morgenritual

© petergrosslaub.com

Cowboychurch © privat

Cowboys – harte Männer, starke Frauen © privat

Barkerville im Winterschlaf © privat

Aus.Zeit! © privat

Allein am Isaac Lake © privat

Solotour über die Bowron Lakes © privat

Unser Blockhaus am Horse Lake © privat

Noras größtes Weihnachtsgeschenk © privat

Kanutour – Start am Bowron Lake © privat

Die Glut schüren statt ausbrennen © privat

Mittsommer am Una Lake © privat

Auszeit unterm Cowboyhut © privat

Miss Nora in Barkerville © privat

Chilcotin River Canyon © privat

Bärenalarm © privat

Auf zur Goldsuche! © privat

dianer und Siedler ausgestattet. Das Pferd hat keinen Sattel. Josef muss seiner Maria helfen, auf den Pferderücken zu kommen. Amber ist eine gute Reiterin. Wie wir sie da sehen, in historischen *Mukluks*, den Leder-Fell-Stiefeln der Ureinwohner, und eingehüllt in warme Decken der alten Hudson Bay Company, können wir uns vorstellen, wie die Frauen der ersten Pioniere die anstrengende Reise über die Rockies bewältigt haben. Jim führt den Mustang. Es ist ein eindrückliches Bild, als die beiden durch den stillen, verschneiten Wald laufen. Auch die mühsame Suche nach einem Quartier in Bethlehem können wir auf der Ranch gut nachstellen. Allerdings macht uns die Kälte erheblich zu schaffen und als der Auslöser der Kamera schließlich einfriert und streikt, ist uns das gerade recht. Wir haben Material in Fülle. Der Rest der Arbeit erfolgt am Computer und in der Wärme! Wir finden diese Möglichkeit einmalig, um Weihnachten in der Fremde in unsere Familie und in einige Ranchhäuser zu bringen.

In den folgenden Tagen versuchen wir, den Advent ins Haus zu holen. Also geht es in den Wald, Reisig schneiden. Wir fragen die neuen Bekannten und Freunde nach Weihnachtsschmuck und bekommen alles geborgt, was diese gerade nicht benötigen. Ein Rohling für einen Adventskranz ist ebenso dabei wie kanadischer Baumschmuck, Lichterketten und als Krönung eine ganze Lichterstadt aus kleinen Porzellanhäuschen, die wir begeistert aufbauen.

So kann der erste Advent kommen! Doch beim Adventskaffeetrinken mit frischem Apfelkuchen und Zimtstreuseln rollen Tränen bei unserer emotional wackeligen Nora. Es will kein Weihnachtsgefühl aufkommen in dieser Zeit, die sonst voller Vorfreude, Geheimnisse und Bräuche war. Wir merken, was Prägung ausmacht. Glücklicherweise gelingt an diesem Nachmittag erstmals eine Skype-Verbindung nach Deutschland. Jetzt kann Nora mit der älteren Schwester sprechen und ihr von den Abenteuern der letzten Wochen erzählen. Das lindert die innere Not. Ein Hoch auf die Technik! Nach dem Skypen bastelt sich Nora einen kleinen Abreißkalender für die nächsten Wochen.

Denn am 19. Dezember werden wir uns auf den Weg nach Vancouver machen, um unsere »Großen«, Janine und Florian, am Flughafen abzuholen. Gemeinsam Weihnachten im Cariboo zu feiern ist eine wunderbare Aussicht! Selbst Noras Heimweh verflüchtigt sich an diesem Nachmittag wieder und allmählich blitzt wieder die Freude in den Kinderaugen.

Lichtblicke

Am 4. Dezember ist es so weit: Weihnachtsfeier des *Kids' space* für Kinder und ihre Eltern in der *Community hall*. Die Präsentation ist fertig, der Beamer von der Feuerwehr steht bereit und wir haben eine große Überraschung im Gepäck. Wir haben in unserem Newsletter von der tollen Arbeit des Teams erzählt und um Spenden für einen Beamer gebeten. Und in kürzester Zeit sind eintausend Euro zusammengekommen! Der Gutschein für den Beamer ist originell verpackt. Wir sind uns sicher, dass dieses in Deutschland so häufig genutzte Arbeitsmittel gerade hier besonders nützlich ist. Wieder einmal erleben wir, dass eine gute Idee nicht von einzelnen Machern lebt, sondern von Impulsgebern und Ermöglichern. Es ist genial, Teil dieser Bewegung sein zu können. Dieser Nachmittag mit mehr als fünfzig Leuten in der Gemeindehalle ist ein Fest der Gemeinschaft. Mit Jingle Bells rocken wir durch den Saal, der bunt geschmückte Weihnachtsbaum strahlt mit den Kindern um die Wette und als die Bildergeschichte schließlich vorgeführt wird, schauen die großen und kleinen Gäste gebannt auf die Leinwand. Es ist eine äußerst lebendige Weihnachtsfeier, die mit dem Eintreffen des Santa Claus per Feuerwehrauto, kleinen Geschenken und gegrillten Würstchen am Lagerfeuer in der Winternacht zu Ende geht. Da kann Nora verschmerzen, dass sie am sechsten Dezember das einzige Kind ist, das Nikolaustag feiert. Wir haben selbstverständlich die Schuhe geputzt und innen vor die Tür gestellt. Jeder Brauch gibt ein wenig Halt, erinnert an Zuhause, verbindet mit der Freundin in Stuttgart. Auch wenn wir dieses Jahr keine Geschenke in die Großfamilie schicken werden, ihre Stuttgarter Freundin Simone soll ein ganz persönliches Geschenk bekommen. So viel steht für Nora fest und Jody hilft tatkräftig, indem sie Nora zeigt, wie sie aus weichem, gegerbtem Leder eine kleine Tasche für die Freundin herstellen kann. Also fahren wir am Wochenende öfter zu Jody und Ken. Während Nora und Jody basteln, dürfen wir dort unsere Wäsche waschen und trocknen. Als wäre das nicht genug, gibt es dazu noch leckere frische *Pancakes*. Ken klärt uns auf, dass wir im Auto ab sofort einen Safety-Kit für den Winter dabei haben sollen. Fürsorglich hat Jody bereits mehrere Kerzen, Streichhölzer, ein Feuerzeug, etwas Studentenfutter und zwei wollene Decken zusammengepackt, die wir im Kofferraum verstauen. Denn hier gibt es keinen ADAC. Jeder ist bei der Kälte selbst verantwortlich, dass eine Panne am Highway nicht lebensgefährlich wird, sondern man auf Hilfe warten kann, ohne gleich zu erfrieren.

Derartig ausgestattet, trauen wir uns, trotz eisiger Pisten, die sich ohne die üblichen Schlaglöcher erstaunlich gut fahren lassen, weitere Ausflüge zu machen. In Clearwater verbringen wir einen schönen Nachmittag und holen wie versprochen sächsischen Weihnachtsstollen aus der kanadisch-deutschen Bäckerei. Und dann entschließen wir uns, die fünfstündige Fahrt in den Norden Richtung Wells zu machen, um die »Viktorian Christmas«, ein historisches Weihnachtswochenende im alten Barkerville zu erleben. Als wir um vier Uhr nachmittags in Barkerville ankommen, wird es schon dunkel. Wir für uns bestellt, steht ein wunderbarer Pferdeschlitten vor der Kulisse der alten Goldgräberstadt. Es ist unwirklich schön, als wir in warme Felldecken gepackt durch die einsame Hauptstraße fahren. In manchen der alten Häuser brennt das Licht, Lachen und Musik dringt in den kalten Winterabend. Ein Teil der Schausteller des Sommers ist gekommen, um an diesem Wochenende den Zauber der alten Zeit im Winter wieder aufleben zu lassen. Es sind nicht viele Besucher da und so sind wir herzlich willkommen, wo immer wir auftauchen. Vor unserer Unterkunft, dem Holzhotel in Wells, werden bunte Lichterketten als Weihnachtsschmuck über der kleinen Hauptstraße entzündet. Zur Feier der großartigen Illumination gibt es mitten auf der Straße ein Feuer für alle Nachbarn, dazu heißen Tee und Marshmallows, süße Schaumkugeln, die von den Kindern am Feuer gegrillt und genüsslich vertilgt werden. Wir sind wohl die einzigen Fremden unter den dreißig »Wellsianern«. Nora findet gleich Anschluss und wir freuen uns, Fran, die nette ältere Dame aus dem maigrünen Holzhaus vom Sommer, diesmal mit Tochter und Enkelkindern, unter den Dorfbewohnern zu treffen. Wir begrüßen uns wie alte Bekannte und werden eingeladen, am nächsten Morgen auf einen Kaffee vorbeizukommen. Welch ein Glück, dass Dezember ist! Wir haben unser Kaffee- und Wein-Fasten am 1. Dezember beendet und genießen es, wieder ohne Einschränkungen auf solche Einladungen zu reagieren.

Am Abend werden in der Galerie-Kirche Amazing Space erwartet. Per Mail hatten wir seit dem Sommer lockeren Kontakt zu Bill gehalten. Als wir schrieben, dass wir zur »Viktorian Christmas« nach Wells kommen würden, lud er uns gleich zum abendlichen Dinner ein. Also sind wir gespannt auf einen Abend in ihrem außergewöhnlichen Zuhause. Dieses Mal ist Claire, die Künstlerin anwesend, hat vorzüglich gekocht und verblüfft uns mit der Ansage, dass dies ihre Geburtstagsfeier sei und noch weitere Gäste kommen werden. Zu unserer Freude entpuppen sich die anderen Gäste als Yael Wand, die Sängerin, mit ihrer Familie. Welch wunderbare Gemeinschaft. Wir finden unzählige Themen, zu denen wir uns entspannt austauschen. Vom Gewinn kreativer Auszeiten, dem Engagement für eine Gemeinschaft, über den Umgang mit dem Leben in der Einsamkeit und Wildnis bis hin zu unserer gemeinsamen Begeisterung für Leonard Cohen reicht die Bandbreite. Wir schauen uns über den Tisch hinweg an und wissen, ist ein Traum, hier in dieser äußerst lebendigen Kirche, in einem abgeschiedenen Dorf in der winterlichen Weite Kanadas mit inspirierenden Menschen zu sitzen und zu plaudern. Es ist ein Traum, der allmählich gewachsen ist und in dem sich alles wie Puzzleteile behutsam zueinander fügt.

Als wir spät in der Nacht durch den Flockenwirbel in unser Hotel zurücklaufen, ist es so still, dass wir fast glauben könnten, allein auf der Welt zu sein. Wenn jetzt eine Sternschnuppe über den Himmel fegen würde, dann wäre unser aller Wunsch mit Sicherheit der, für eine längere Zeit hier in Wells mitzuleben und einzutauchen in diese besondere Lebensart in den Bergen der Cariboo Mountains. Davon reden wir am nächsten Morgen beim Frühstück im grünen Holzhaus von Fran. Derweil widmen sich die Kinder mit viel Begeisterung der glitzernden Winterwelt. Kein Auto stört ihren Spaß. Sie rutschen waghalsig die Schneehügel hinunter, während die Hunde wild bellend das Spiel begleiten. Es ist eine Art »Bullerbü«, eine fast verloren geglaubte Kinderwelt, die sich dort draußen für Nora eröffnet. Als wir uns verabschieden, bietet Fran uns an, ihr kleines Holzhaus im März für einige Zeit zu mieten und dort wohnen zu könnten. Nichts lieber als das, doch es ist eine Frage des Geldes und der Situation im Frühjahr. Momentan können und wollen wir noch nicht so weit vorausplanen, aber die Idee ist äußerst verlockend. Per E-Mail werden wir in Kontakt bleiben. Jetzt steht erst einmal Weihnachten und der Beginn der Weihnachtsferien vor der Tür.

Als wir zurück ins Blockhaus am Horselake kommen, fühlt es sich an wie ein Nachhausekommen. Das Weggehen hat die Freude des Heimkommens ganz offensichtlich enorm gesteigert. Wir spüren: Das warme, schöne Holzhaus ist zu einem echten Zuhause geworden. Wir machen hier im Kleinen eine Erfahrung, die viel mit dem großen Ganzen unseres Sabbaticals zu tun hat: Wer Dinge, Menschen, Orte bewusst für einige Zeit verlässt und dann zurückkommt, der wird sie anders wahrnehmen und – je nachdem – mehr schätzen. Wenn etwa die berufliche Tätigkeit die richtige war, dann wertet das Weggehen in eine Auszeit diese Arbeit auf. Das Zurückkommen ist spannend, bereichernd und kann zum innovativen Schub für die Tätigkeit werden. War es jedoch schon vor dem Sabbatical nicht der richtige Platz, dann wird es in der Auszeit zu einer Reflexion kommen, die einen Wechsel mit sich bringen kann. Dieser ist vielleicht schmerzhaft, aber letztlich sinnvoll, denn ein Mensch ist dort gut aufgehoben, wo er in seinem Element arbeiten kann. Wie viel Potenzial bleibt ungenutzt, weil die Angst vor Veränderung überwiegt und die Chancen des Sabbaticals nicht gesehen werden. Bei uns entsteht an diesem Tag zum ersten Mal die Idee, zu Botschaftern und Lobbyisten gezielter Auszeiten zu werden, wenn wir irgendwann wieder in Deutschland Fuß gefasst haben.

Ab und zu bewegt uns der Gedanke an die ungewisse Zukunft. Dann aber lenken wir unsere Aufmerksamkeit bewusst auf das Hier und Jetzt. Heute wollen wir leben und die Gegenwart nicht mit Sorgen eintrüben. Sollte nicht die bisherige Erfahrung ausreichen, auch künftig auf Wegzeichen zu trauen? Wir erinnern uns gegenseitig daran, dass wir nach dem Loslassen das Vertrauen praktizieren wollen. Die morgendliche Zeit der Stille ist zu einem kraftspendenden Ritual geworden. Im Bild gesprochen werfen wir Anker hinaus in eine Ewigkeit, die außerhalb unseres Horizontes, des Alltags, der Sorgen liegt. Wir wollen in einem mitunter stürmischen, aufgewühlten Meer unsere Lebensschiffe ankern in einem Grund, der uns Halt gibt. Der Grund ist da. Den Anker werfen muss jeder für sich persönlich.

Am 16. Dezember ist *Christmas Concert* in der Aula der Horselake-Schule. Die Schülerinnen und Schülern führen für ihre Eltern ein buntes Bühnenspektakel auf. Die Anspannung der Kinder, die Begeisterung der Eltern, ihre Sprösslinge in Aktion zu sehen, das Blitzlichtgewitter von Fotoapparaten ist ähnlich wie auf Schulveranstaltungen in Deutschland. Anders dagegen ist der Beginn, als die Rektorin nach kurzer Begrüßung dazu auffordert, gemeinsam die Nationalhymne »O Canada« zu singen. Hemdsärmlige Rancher, ihren Cowboyhut unter dem Arm, stehen geflissentlich auf. Mütter, Omas und Opas und halbwüchsige Geschwister erheben sich selbstverständlich. Jeder kennt den Text und singt inbrünstig mit. Welch identitätsstiftendes Ritual! Kanada ist ein multikulturelles Einwanderungsland mit einem hohen Anteil asiatischer Bevölkerung. Sie sprechen oft ein stark akzentuiertes Englisch, pflegen völlig andere Traditionen, aber fühlen sich bei solchen Gelegenheiten trotz aller Verschiedenheit als eine Nation. Überhaupt empfinden wir die Kanadier als ein Volk, das stolz auf sein Land ist und die Natur sehr schätzt. Gesellschaftliche Unterschiede sind in Kanada nicht so deutlich sichtbar und der Lebensstil ist sehr flexibel, etwa ohne zu große Bindung an ein Haus. Umziehen ist kein Drama, weiterzuziehen gehört einfach dazu und deshalb werden Häuser sehr unkompliziert gekauft und wieder verkauft. Familie wird von den meisten Kanadiern ebenso wie unkomplizierte Offenheit geschätzt. Von Perfektion sind die meisten weit entfernt. Dagegen spornt man sich gegenseitig gerne mit einem »good job – gut gemacht!« an. Heute gilt das »gut gemacht« den Kindern, deren Vorstellung zur Geschichte von Frosty, dem Schneemann, originell und vielseitig ist. Wir sehen unsere Nora mit ihrer Klasse einen lustigen Cowboytanz aufführen und staunen, wie reibungslos sie mittlerweile englisch singt, spricht und sich verständigen kann. Wer hätte das vor einem Vierteljahr für möglich gehalten! Beim Abschied in die Weihnachtsferien lädt uns Noras Lehrer ein, mit unseren großen Kindern einen Besuch bei ihm zu machen. Er ist begeisterter Jäger und Karate-Trainer. Seiner Meinung nach sollte Nora in ihrem Kanada-Jahr nicht nur Englisch, sondern auch das Schießen und Karate lernen. Schließlich hätte sie ihre beiden monatlichen Buchpräsentationen über Bücher gehalten, in denen es darum geht, in der Wildnis zu überleben. Zum Überleben gehöre es dazu, auch jagen und schießen zu können. Wir danken für die unverhoffte persönliche Nähe und beschließen, das freundliche Angebot in den Ferien im Familienkreis zu besprechen.

Jetzt landet die Schultasche erst einmal in der Ecke und mit Wonne schneidet Nora am Tag darauf den letzten Schnipsel von ihrem Kalender. Die Reise nach Vancouver steht bevor. Wenn trotz des winterlichen Schneechaos am Frankfurter Flughafen alles gut geht, werden wir schon in Kürze die älteren Geschwister in die Arme schließen können. Diese Vorfreude übertrifft alles Bisherige. Leider müssen wir uns erstmals seit dem Sommer von Aruna trennen. Der Hund bleibt in einem Hundezwinger etwas außerhalb von 100 Mile House, da wir nicht genug Stauraum für fünf Personen, Reisegepäck und Hund haben. Außerdem ist es ein Test für Februar. Nach einem halben Jahr Aufenthalt müssen wir wegen unseres Touristenstatus Kanada verlassen, dem Hund aber wollen wir die zusätzliche Flugreise ersparen. Er wird dann ebenso wie jetzt in der Hundepension auf unsere Rückkehr warten müssen.

Bei minus 17 Grad und Schneetreiben starten wir im Cariboo. Die Fahrt durch Berge, Canyon und weite Landschaft ist nicht anstrengend. Bei schöner Musik rollen wir entspannt, den Kaffeebecher dampfend in der Hand im Chevy über den Highway. Was für ein Unterschied zu längeren Reisen im hektischen Straßenverkehr Deutschlands. Man kann sich schnell an diese entschleunigte Art zu reisen gewöhnen. Erst im Großraum Vancouver setzt der starke Verkehr der entspannten Fahrweise ein Ende. Das Wetter hat sich am Meer deutlich verändert. Wir müssen sogar die Sonnenbrillen herausholen und amüsieren uns köstlich, als der Hotelier am Empfang bedauernd von einem Kälteeinbruch spricht. Kälte? Am Abend können wir lediglich mit einer Fleecejacke bekleidet und ohne Handschuhe und Mütze am Hafen bummeln. Welch ein Unterschied zum Horselake, der gerade an diesem Morgen erstmals eine spiegelnde Eisschicht von einem zum anderen Ufer präsentierte. Wenn wir Glück haben, schneit es nicht zu viel darauf, sodass uns die Schlittschuhbahn in den kommenden Tagen erhalten bleibt. In Vancouver ist von Schnee nichts zu sehen. Die Stadt weckt in uns eher sommerliche Erinnerungen. Nora kann vor

Aufregung kaum einschlafen an diesem Abend. Denn es ist unklar, ob der Flug von Janine und Florian stattfindet oder wie unzählige andere Flüge wegen des Wintereinbruchs in Europa annulliert wird. Wir haben vereinbart, dass sie eine SMS schicken, wenn sie tatsächlich im Flugzeug sitzen. Nachts um vier weckt uns das Geräusch des piependen Handys. Hurra, sie dürfen starten! Wir sind so erleichtert, dass wir nicht mehr einschlafen können und so liegen wir mitten in der Nacht schlaflos, aber zutiefst glücklich in den weichen Betten. Alles ist gut.

Am nächsten Tag bekommt Nora ihr nach eigenen Worten größtes Weihnachtsgeschenk. Mit einem langen roten Schal bindet sie eine Schleife um Schwester und Bruder und kann sich kaum wieder von ihnen trennen. Wir schlendern am Strand entlang, hören zu, erzählen und lassen die übernächtigten Reisenden schließlich schlafen, bevor es am nächsten Morgen gemeinsam in Richtung der verschneiten Berggipfel geht. Die Welt der hektischen Vorweihnachtszeit, der Werbung und der vielen Geräusche lassen wir Kilometer für Kilometer hinter uns. Wir tauchen einmal mehr ein in die Weite der Landschaft und können es kaum erwarten, den Hund abzuholen, um als komplettes Familienteam im Blockhaus anzukommen.

Janine und Florian gewöhnen sich schnell an den neuen Zeitrhythmus, die englische Sprache und das Wohnen im Blockhaus. Als wäre es das Normalste der Welt, schmücken wir den großartigen Weihnachtsbaum, den uns der Nachbar geschenkt hat, mit Lasso schwingenden Cowboys und kunterbunten Schneemännern, statt mit Engeln und Sternen! Es ist der interessanteste und ungewöhnlichste Weihnachtsbaum, den wir je hatten, und er erfüllt das ganze Blockhaus mit seinem harzigen Duft. Das Beste aber ist, dass wir dieses Weihnachtsfest hier gemeinsam feiern können.

Endlich bricht der 24. Dezember an. Am späten Vormittag telefonieren wir mit den Großeltern in Deutschland. Durch die neun Stunden Zeitverschiebung ist dort bereits richtige Heilig-Abend-Stimmung.

Wir dagegen blinzeln in einen strahlenden, sonnigen Wintermorgen und sind vom abendlichen Bescherungsfest noch meilenweit entfernt. Uns wird dadurch bewusst, dass jedes unserer vertrauten Feste sehr relativ ist. Nur weil es alle um einen herum begehen, muss etwas noch lange nicht für die Weltbevölkerung von Bedeutung sein. Was ist der Kern von Weihnachten? Was haben die Australier an diesem Tag etliche Stunden vor uns, vielleicht am Strand gefeiert? Was bedeutet so ein Tag für die Menschen in Japan, die schon bald den 25. Dezember begrüßen? Für uns Deutsche ist es das bedeutendste Familienfest, an dem man sich freut, beschenkt, Traditionen weitergibt. Mach's wie Gott, werde Mensch – dieser Spruch drückt etwas von dem aus, was Weihnachten jenseits aller Verschiedenheit, aller Bräuche und Kulturen für uns beinhaltet. Es ist das Fest, an dem wir uns erinnern, dass der Auftrag, Licht und Menschlichkeit in die Welt zu tragen, kein historisches Ereignis, sondern ein aktuelles Thema für uns sein muss. Dies kann man überall auf der Welt feiern. Wir werden unser eigenes Weihnachtsfest hier in der Ferne entstehen lassen.

Als wir am Nachmittag feststellen, dass weder Kaffee noch etwas Süßes im Haus ist, kommt der Sohn der Nachbarn. Er war noch einmal im nächsten Ort bei der Poststation und hat uns etwas mitgebracht. Aus seinem Auto zaubert er zwei Pakete von Freunden aus Deutschland, die wir uns nicht passender hätten wünschen können. Voller Begeisterung packen wir Nürnberger Lebkuchen, einen sächsischen Christstollen und – es ist tatsächlich wahr – ein Paket Kaffee aus.

Wieso sorgen wir uns eigentlich immer wieder um Künftiges? Die beiden Weihnachtspakete sind eine Lektion, die uns wieder einmal zeigen, dass sich manches ohne unser Zutun löst. Es kommt meist alles zur rechten Zeit. Wenn man nur vertrauen könnte! In Gedanken schicken wir ein tiefes Dankeschön an diese lieben Menschen, an unsere Freunde und Großfamilien die schon längst dem 25. Dezember entgegenschlafen. Wir selbst feiern Weihnachten für kanadische Bräuche genau genommen einen Tag zu früh, denn die Kanadier begehen *Christmas* am Morgen des 25. Dezember. Erst dann können die Kinder schauen, was *Santa Claus* in der Nacht für sie vorbeigebracht hat. Nora ist froh, dass wir bei der deutschen Tradition eines Heiligabends bleiben. Der beginnt nicht mit einem Gottesdienst in der Kirche, sondern in klirrender Kälte am Lagerfeuer. Wir treffen nicht die Großfamilie, sondern unsere lieben Schweizer Nachbarn. Mit englischen und deutschen Liedern zur Gitarre sowie selbstgemachtem Glühwein, Lebkuchen und Bündner Fleisch feiern wir gemeinsam in den Weihnachtsabend hinein. Schließlich treibt uns die Kälte und Noras dringlicher Wunsch nach einer Bescherung unter dem Weihnachtsbaum zurück ins Blockhaus. Der Abend wird unvergesslich bleiben. Die Weihnachtsgeschichte spielt uns Nora mit ihren Holzfiguren vor und das anschließende Auspacken der kleinen, liebevollen Geschenke füllt das ganze Haus mit Freude und Staunen. Wir lassen uns Zeit, schenken uns Zeit und sind ganz in der Zeit. Diese Zeitfülle ist das Gold dieser Tage, die wir dankbar genießen.

Die folgenden gemeinsamen Tage sind voller Leben. Florian hat Glück beim Eisangeln und beschert uns leckere Lachsforellen für ein köstliches Essen. Freunde kommen, laden uns zum Reiten, zum Squaredance auf der Ranch, zum Schneeschuhwandern ein. Der Horselake scheint inzwischen eine tragfähige Eisdecke zu haben, denn die ersten *Snowmobile* brausen weit draußen über den See und so trauen auch wir uns – wenngleich zögerlich –, die Fläche zu betreten. Mulmig ist uns allerdings schon, wissen wir doch um die Kälte der schwarzen Tiefe, die man gut unter dem Eis sehen kann. Aber ist es ein Vergnügen, so eine riesige Eisfläche zum Schlittschuhlaufen zu haben. Trotz dieser vielen Aktivitäten finden wir immer wieder Momente der Stille, in denen wir unser Leben und die Entscheidung zum Sabbatjahr reflektieren. Das ist am Ende eines Jahres nichts Außergewöhnliches. Das neue Jahr steht vor der Tür, also wirft man einen Blick zurück und will Gutes wertschätzen oder aus Fehlern lernen. Was wir gelernt haben in den zurückliegenden Monaten, wollen die großen Kinder von uns wissen. Wir haben gelernt, dass frei verfügbare Zeit so kostbar ist, wie zu früheren Zeiten Gold war. Dass es sich lohnt, zu beobachten, bevor man bewertet, und dass in der Begegnung mit dem Fremden ein großer Gewinn liegt. Wir haben gelernt, dass Selbstliebe und Selbstvertrauen eine Basis für gute Beziehungen zu anderen Menschen sind. Wir haben erfahren, dass tiefe Zufriedenheit nicht zwangsläufig mit der Erfüllung materieller Wünsche zu tun hat. Wir wissen, dass uns Neugier und Begeisterung beflügeln und Vertrauen uns trägt.

Am Silvesterabend lassen wir uns gern von Ken und Jody einladen. Dort treffen sich die Großfamilie und Freunde, um Eishockey auf dem zugefrorenen See zu spielen. Wir werfen uns ins Getümmel, haben jede Menge Spaß und stoßen um Mitternacht mit Tee, Bier oder Saft auf ein gesundes, glückliches neues Jahr an. Ganz ehrlich, den Sekt haben wir vermisst, aber man kann ja nicht alles haben – jedenfalls nicht zur gleichen Zeit!

Sechs Tage später, nach drei fantastischen Wochen als ganze Familie, heißt es Abschied nehmen von Janine und Florian. Wieder wird es eine Zitterpartie am Flughafen, diesmal in umgekehrte Richtung, da das Flugzeug wegen eines Schneesturms viel zu spät startet. Erleichtert lesen wir zwei Stunden später die kurze Nachricht, dass der Anschluss in Vancouver geklappt hat. Vor uns liegen sieben Monate bis zum Wiedersehen.

Etwas seltsam ist der Gedanke schon, dass wir ein neues Jahr begonnen haben, über dessen Verlauf wir so wenig wissen wie nie zuvor. Bis Mitte Februar dürfen wir noch in Kanada bleiben. Das Blockhaus können wir bis Ende April bewohnen und spätestens am 10. August sollten wir wieder in Deutschland sein. Dazwischen gibt es viele Träume, einige Ideen und jede Menge Fragezeichen. Die Zeit nach dem 10. August liegt unsichtbar in der Ferne, aber sie kommt mit jedem Tag des neuen Jahres näher. An diesem Silvesterabend ist die erste Stunde dieser ungewissen Zeit. Wir wissen, dass wir uns in

Deutschland eine neue Identität, eine neue berufliche Existenz und ein neues Zuhause aufbauen müssen. Dieses Wissen bzw. Nichtwissen würde uns in anderer Umgebung sehr nervös und unsicher machen. Die unbekümmerte Zuversicht der Kanadier, deren nordamerikanische »Yes, we can«-Mentalität, die Aufbruchsstimmung früherer Pioniere, sie stimmen uns jedoch positiv. Wir schauen mutig in die Zukunft und sind gespannt, wo und wie der Weg für uns weitergeht. Im alten Jahr haben wir das Loslassen gelernt, Zuversicht wird unser Leitmotiv für das beginnende neue Jahr sein.

Zuversicht

»Was immer du tun kannst oder träumst,
es zu können, fang damit an.«

Perspektivenwechsel

Dreißig Grad minus sind ein Abenteuer – jedenfalls für uns kanadische *Greenhorns*. Der Horselake ist unter einer glitzernden Schneefläche verborgen, die uns oft zu langen Skitouren in die klirrende Kälte lockt. An manchen Tagen jedoch fegt ein unbarmherziger Nordwind die Schneedecke weg und gibt den Blick auf scharfkantige Risse frei. An ihnen kann man sehen, wie das Eis unter dem Schnee in Bewegung ist. An solchen Tagen legen wir lieber noch einen Holzscheit auf, trinken eine Tasse Tee und kuscheln uns, mit Lesefutter aus der Bücherei versorgt, auf das Sofa im wohlig warmen Blockhaus. Nora ist fasziniert von einem spannenden Kinderbuch über den historischen *Serum Run* von 1925. Diese außergewöhnliche Geschichte über den Wettlauf von Hundeschlitten mit dem Tod im eisigen Norden Alaskas liest sich in dieser Umgebung ganz anders als im Kinderzimmer in Stuttgart. Balto, der vierbeinige Held des Buches, ist in Nordamerika eine Legende. Er hat es sogar zur Leinwandberühmtheit geschafft und spielt die Hauptrolle im Zeichentrickfilm »Ein Hund mit dem Herzen eines Helden«. Dahinter steht die wahre Begebenheit und großartige Geschichte über eine tödliche Gefahr, über die bedrohliche Kraft der eisigen Natur, die Stärke von Mitmenschlichkeit, über eine tragende Vision, Zuversicht und das Zusammenspiel vieler Hundeschlittenführer, sogenannter *Musher*, und deren Hundeteams. Im Januar 1925 erreichte ein dramatisches Telegramm aus Nome, Alaska, den US-amerikanischen Kongress: Schwere Diphterie-Epidemie ausgebrochen STOP Kein frisches Antitoxin vorhanden STOP Bitte eine Million Einheiten Antitoxin sofort nach Nome schicken ... Am Polarkreis war die Diphterie ausgebrochen. Knapp 1500 Menschen lebten damals in Nome, fast 10 000 Menschen in der weiteren Umgebung. Ein Drittel von ihnen waren Inuit und aus der Geschichte weiß man, dass besonders die indigene Urbevölkerung von solchen Erregern bedroht war. Würde man die Krankheit noch rechtzeitig stoppen können? Das Vorhaben, die Medikamente mit dem Flugzeug einzufliegen, scheiterte an den arktischen Temperaturen. Bei minus vierzig Grad und angekündigten Schneestürmen bestand keine Chance auf einen Erfolg dieser Operation. *Musher* mit ihren Hundeschlitten waren die einzige Transportmöglichkeit. Es muss ein fast aussichtsloses Unternehmen gewesen sein, den 1085 Kilometer entfernten Ort unter diesen Bedingungen in kürzester Zeit erreichen zu wollen.

An dieser Geschichte lässt sich Zuversicht buchstabieren, denn es ist unbeschreiblich, unter welchen körperlichen Strapazen es den Männern schließlich gelungen ist, das dringend benötigte Medikament zur Eindämmung der Diphterie in den abgelegenen Ort zu bringen. Zuversichtliche Menschen haben Vertrauen in sich selbst, geben nicht vorschnell auf, lernen aus Niederlagen, arbeiten an ihren Zielen und glauben fest, dass sie an ihrer Situation etwas ändern können. Zuversicht ist ansteckend und hoch motivierend – zum Glück für uns heute und zum Glück für die Menschen in Nome. Zuversicht ermöglicht einen Perspektivenwechsel. Diese Männer sahen nicht die dramatischen Schwierigkeiten, sondern eine große Herausforderung. Die Motivation, verzweifelten Menschen Rettung zu bringen, muss sie förmlich mit einem Turbo an Energie und Kraft versorgt haben. In Windeseile bildete sich eine Hundeschlittenstaffel mit zwanzig *Mushern* und ihren Hunden, welche die kostbare Fracht auf ihren Schlitten durch die Po-

larnacht fuhren. Minus 45 Grad auf einem Hundeschlitten, das können wir uns kaum vorstellen. Wir kennen mittlerweile Temperaturen bis minus dreißig Grad ganz gut. Da frieren die Finger, egal welche Handschuhe man trägt, und der Wind bearbeitet das Gesicht mit Eisnadelstichen. Wir binden uns dicke Tücher vor Mund und Nase, um das Atmen zu erleichtern. Wie will ein *Musher* damit seine Hunde anfeuern, den Schlitten festhalten und die Beine gegen das Festfrieren auflockern? Es erscheint uns unmöglich, bei diesen Minusgraden und Schneesturm 85 Kilometer durch ungespurte Wildnis unterwegs zu sein. Genau das aber hat Gunnar Kaasen während der letzten Etappe des *Serum Run* getan. Aufgrund des schlechten Wetters hatte er den nächsten *Musher* der Staffel verpasst. Deshalb entschloss er sich, dessen Etappe auch noch zu fahren. Ihn muss eine unglaubliche Energie getragen haben. Balto, der Leithund des Teams, hielt nur an einer einzigen Stelle den Schlitten an und man erzählt sich, er habe damit den *Musher*, die Hunde und das Serum vor dem Sturz in die Fluten des eisigen Topkok River bewahrt. Nach 127,5 Stunden, also gut fünf Tagen kamen die Medikamente schließlich in Nome an. Die vielen indigenen *Musher*, vor allem Leonhard Seppala, der mit seinem Leithund Togo mit 146 Kilometern bei widrigem Schneesturm den Löwenanteil am *Serum Run* bewältigte und unter Lebensgefahr den aufbrechenden Norton Sound, einen Meeresarm, überquerte, hätten öffentliche Anerkennung verdient. Aber die damaligen Medien stürzten sich vor allem auf die Geschichte von Balto, der zum Held des Laufes und zum Retter der Kinder von Nome stilisiert wurde. Noch im Dezember des gleichen Jahres wurde im New Yorker Central Park eine Bronzestatue des Schlittenhundes errichtet, die man noch heute dort besuchen kann.

Wir sind fasziniert von Schlittenhunden. Ihr leiser Lauf, die Zähigkeit, Zuverlässigkeit und der fantastische Instinkt, gefährliche Eislöcher zu umgehen, beeindrucken und begeistern uns. Deshalb freuen wir uns, ein deutschstämmiges Paar kennenzulernen, das sich außerhalb von 100 Mile House ein großes Anwesen gekauft hat, um sich seinem Hobby, den Schlittenhunden, zu widmen. »Wie kommt man von einer Werbeagentur in Deutschland zu einer Husky-Ranch in Westkanada?«, fragen wir die beiden. Die Antwort kommt schnell und ohne großes Nachdenken: »Wir waren mit unserem Leben am Ziel. Wir hatten alles erreicht. Es gab in dieser Sattheit zu wenig Herausforderungen. Wir haben uns nicht mehr lebendig gefühlt.« Draußen bellen die schwarz-weißen Vierbeiner in sorgfältig gebauten Gehegen. Der Schlitten muss angespannt werden. Gäste warten auf eine Fahrt mit dem Hundeschlitten. Die Ranch erfordert volle Aufmerksamkeit. Diese Aufgaben und der selbst gewählte Perspektivenwechsel aufs Leben machen unsere Gesprächspartner sichtlich lebendig. Wir selbst waren in Deutschland zwar längst nicht am Ziel, nicht übersättigt, aber wir verstehen diese Sehnsucht nach Leben. Es ist der Lockruf, den manche Menschen hören und für sich nicht mehr ignorieren wollen. Er hat auch uns erreicht – es war ein Lockruf des Ungelebten in uns. Tag für Tag wird diese Sehnsucht nun gestillt, fühlen wir uns lebendig und tief zufrieden.

Auch wenn Aruna kein Husky ist, so läuft unser Hund doch fast unbeeindruckt durch die Kälte und wir bewegen uns mit ihm sicherer auf den zugefrorenen Seen. Inspiriert durch die Geschichte der Schlittenhunde bringt Nora unserer Hündin sogar bei, einen Kinderschlitten zu ziehen, und ist mächtig stolz auf diesen Erfolg. Zur Belohnung gibt es Leckerlis für den Hund und einen Tee für die junge *Musherin* im Iglu vor dem Blockhaus. Aruna ahnt noch nicht, dass wir sie in der kommenden Woche für acht Tage allein in Kanada lassen werden. Weil unser ein halbes Jahr gültiges Touristenvisum demnächst ausläuft, müssen wir unsere Sabbatical-Wahlheimat verlassen und wieder neu nach Kanada einreisen, um nochmals fünf Monate diese Stille und Weite erleben zu können.

New York heißt unser Ziel. Dort können wir ohne zusätzliche Kosten bei Verwandten wohnen, eine großartige Möglichkeit, die wir gerne nutzen. Vom Goldrush-Trail geht es also in knapp sechs Stunden dorthin, wo das Gold in aller Köpfe ist, an die Wallstreet. Wir haben in den letzten Wochen nur selten die Nachrichten verfolgt. Die europäische Krise ist für uns weit weg. Dass der Goldpreis inzwischen in die Höhe geklettert ist, ist für uns unbedeutend, nicht aber für die kommerzielle Goldindustrie Kanadas. Von Fran, die in einem Camp für Goldminer arbeitet, haben wir gehört, dass sich die Aktivitäten in den letzten Monaten auffällig gesteigert haben und das Personal verdoppelt wurde. Wir sind gespannt darauf, die Stimmung in der Börsenstadt und den Goldrausch der Metropole mit eigenen Sinnen wahrzunehmen. Es reizt uns, vom einsamen weiten Cariboo ins pralle Leben Manhattans zu wechseln. Wir haben wenig Gepäck dabei. Wichtig erscheinen uns die Tagebücher, die wir in dieser Woche mit Eindrücken fluten werden und der Fotoapparat, der die Innenschau durch äußere Bildern ergänzen soll.

So starten wir bei Schneegestöber am Highway 24, entgehen im Fraser Canyon nur knapp einem durch den Sturm ausgelösten Steinschlag und erreichen Vancouver bei Nebel und Regenschauern. Zum Glück gibt der Scheibenwischer des Autos seine Tätigkeit erst kurz vor dem Flughafen auf. Die Reise beginnt auf jeden Fall abenteuerlicher als wir es uns gewünscht hätten! Mit Cathay Pacific Airlines heben wir spät am Abend ab und fliegen dem neuen Tag an der Ostküste Amerikas entgegen.

Plötzlich Weltenbürger, denken wir, als Nora von der Flugbegleiterin gefragt wird, ob sie aus Hongkong oder Vancouver kommt. Nora verzichtet auf umfangreiche Erklärungen, sagt einfach: »aus Vancouver« und nimmt freudig die englischen Comics zum Lesen in Empfang. So einfach kann das gehen. Um drei Uhr nachts stehen wir schließlich in der Schlange vor dem offiziellen »Immigration-Office« der US-Behörde. An diesem Nadelöhr sind alle gleich. Warten muss jede und jeder, unabhängig von Herkunft und Kontostand. Die kräftige, einfach gekleidete Afroamerikanerin wird schnell abgefertigt, während das elegant gekleidete Pärchen vor uns den Inhalt der Ledertasche auspacken muss und detailliert befragt wird. Man hat uns gewarnt, die Einwanderungsprozedur sei immer eine Tortur und schmälere den ganzen Aufenthalt. Deshalb sind wir mehr als überrascht, als der Offizier mit Nora scherzt und entdeckt, dass sie beide am gleichen Tag Geburtstag haben. Drei weitere Fragen und wir können die Schleuse passieren. New York, wir kommen!

Es ist früher Morgen, als wir unser Quartier mitten in Manhattan erreichen. Noras Nase klebt während der gesamten Taxifahrt an der Scheibe. Diese Fülle von Häusern, Geschäften, Autos ist verwirrend nach einem halben Jahr in der kanadischen Einsamkeit. Umso entzückter sind wir von dem kleinen Café »Le Pain«, ganz nah bei unserer Unterkunft, das mit urigen Holzmöbeln, klassischer Musik und langen Community-Tischen die Atmosphäre eines französischen Dorfcafés verströmt. Stolz weist die Kellnerin darauf hin, dass nur selbst gemachte Konfitüren angeboten und organische Zutaten für das Farmerbrot verwendet werden. Da fühlen wir uns fast wie bei Freunden auf der Ranch im Cariboo. Man kann überall auf der Welt seine ganz persönlichen Wohlfühloasen aufstöbern! Es liegt ja an uns, ob wir durch beschauliche, von (Lebens)Künstlern bewohnte Stadtteile wie Soho und West Village oder entlang der quirligen Shoppingmeilen und Touristenattraktionen unterwegs sind. Wir entdecken, dass Manhattan wunderschön angelegte, grüne Jogging- und Spielwege entlang des East River hat. Hier bummeln wir in den nächsten Tagen ausgiebig, joggen morgens in der Frühlingssonne und besuchen dann gemeinsam den Central Park, um Noras Helden Balto, dem Schlittenhund, einen Besuch abzustatten. Der Rücken der Bronzestatue glänzt blitzblank. Vermutlich haben schon viele Kinderhände den Vierbeiner gestreichelt. Eigenartig, inmitten einer Millionenstadt der Geschichte der Schlittenhunde zu begegnen. Es ist für uns eine innere Brücke zwischen den Erfahrungen der letzten Wochen und dem Sprung in eine andere Welt hier in New York. Wir lesen die geprägte Inschrift auf dem Sockel der Statue: Ausdauer – Treue – Intelligenz. Auf einer Tafel steht außerdem: »Gewidmet dem unbeugsamen Willen der Schlittenhunde, der diese im Winter des Jahres 1925 ein Gegengift sechshundert Meilen über raues Eis, tückische Gewässer und durch arktische Schneestürme von Nenana zur Rettung ins geplagte Nome tragen ließ.« Die Werte Ausdauer, Treue und Intelligenz, die hier den Huskies zugesprochen werden, lassen uns danach fragen, welche Werte für uns wichtig sind. Welche Werte brauchen Menschen im Cariboo, welche in Deutschland und welche hier in New York? Welche Werte wollen wir in diesem Jahr pflegen und welche davon werden uns künftig besonders wichtig sein? Werte verändern sich mit den Erlebnissen und Erfahrungen eines Lebens. Mit dem Abstand zu unserem gewohnten Umfeld kommen wir unseren Werten leichter auf die Spur. Dass Lebensfreude und Dankbarkeit bedeutsam für uns sind, haben wir zwar gewusst, aber in der Begegnung mit den kanadischen Freunden neu erlebt. Hier in der Großstadt wird uns deutlich, wie hoch wir den Wert von Natur und räumlicher Weite einstufen, der für andere Menschen möglicherweise weniger wichtig ist. Lebensqualität geht für uns mit sinnvollem Tun, wertschätzenden Beziehungen und ehrlicher Kommunikation einher.

Ein Spiegel der Auseinandersetzung mit persönlichen Werten ist auch das Werk »Things I have learned so far – Dinge, die ich bisher gelernt habe« von Stefan Sagmeister. Er schreibt darin solche Sätze wie »Geld macht mich nicht glücklich« oder »Jammern ist dumm. Entweder du handelst, oder du lässt es«. Der bekannte Produkt- und Grafikdesigner lebt hier in New York. Wir sind auf Sagmeister aufmerksam geworden, weil er ein Lobbyist für Sabbaticals ist. Sein Vortrag über Auszeit unter dem Titel »The power of time off« ist ein interessantes Plädoyer, die Kraft von Sabbatzeiten beruflich zu nutzen. Sagmeisters Aussage zielt darauf ab, die berufliche Arbeitsphase eines Lebens gezielt alle sieben Jahre für ein Sabbatjahr zu unterbrechen. Sein Modell setzt voraus, dass ein Menschenleben normalerweise 25 Jahre Zeit zum Lernen, 40 Jahre Zeit zum Arbeiten und 15 Jahre Zeit des Ruhestandes beinhaltet. Vernachlässigen wir kurzfristig die Tatsache, dass man lebenslang lernen sollte oder dass Menschen heute möglicherweise älter als 80 Jahre werden. Fakt ist, dass Sagmeister dazu ermuntert, fünf der fünfzehn »Ruhestandsjahre« gezielt nach vorn zu verlagern – alle sieben Jahre des Arbeitsprozesses ein Jahr Auszeit. Dadurch verschiebt sich der Eintritt in den Ruhestand folgerichtig um fünf Jahre auf 70 Jahre. Sagmeister rechtfertigt dies mit der Beobachtung, dass Menschen, die ein Sabbatjahr in ihre berufliche Biografie einbauen, wesentlich kreativer, klarer und kraftvoller arbeiten können. Dadurch steigt nicht nur der Wert ihrer Arbeit, ihr ganzes Leben empfinden sie als lebenswerter. Leben besteht aus einer Synthese von sinnhafter Arbeit und entspannenden Tätigkeiten. Er greift den Begriff der Berufung als erfüllende Arbeit auf. Welch ein Unterschied zu Personen, die ihre acht Stunden Arbeit am Tag lediglich abarbeiten, absitzen oder durchhalten. Selbst Menschen, die ambitioniert auf eine Karriere hin arbeiten und sich deutlich mehr engagieren, sind in ihrer Wirksamkeit denen nachgestellt, die mit Begeisterung und Erfüllung tätig sind. Überforderung, wenig Mitbestimmung, fehlende Erfolgserlebnisse, aber auch mentaler und körperlicher Verschleiß führen oft zu Frustration, nachlassender Leistungsbereitschaft oder zu innerer Kündigung. Sagmeister ist kein Arbeitspsychologe, sondern kreativer Freigeist und vor allem ein Praktiker. Er hat ausprobiert, wovon er spricht. Bereits zum zweiten Mal hat er seine Agentur geschlossen, ist abgetaucht in ein Sabbatjahr, eingetaucht in fremde Welten, die ihn inspiriert haben, und aufgetaucht mit einer Kreativität, die sich bezahlt gemacht hat. Geld hat er sicherlich genug. Glück dagegen macht er nicht mehr am Geld fest. Weil wir ihn gerne persönlich kennenlernen würden, nehmen wir mit ihm Kontakt auf. Er hat leider keine Zeit, antwortet aber engagiert per E-Mail. Er beglückwünscht uns zu dem Sabbatjahr, schreibt, dass er diese Zeit als lohnenswerte Investition in sein Lebenswerk betrachtet, und schließt ganz folgerichtig: »Jetzt habe ich kein Sabbatical, die Arbeit geht momentan vor.«

Sabbaticals zielen eben nicht auf ein launiges Leben im Nichtstun, sondern auf den Perspektivenwechsel zugunsten eines lebenslangen erfüllten Lebens. Warum sollten wir uns Auszeiten gönnen? Weil unser Leben einmalig ist. Aus Liebe zum Leben die Auszeit wählen, darum geht es.

Und wenn man nun weder Geld noch Möglichkeiten für eine solche Auszeit hat? Diese Frage begegnet uns regelmäßig in E-Mails aus Deutschland. Dann muss die Auszeit zur Lebensart werden. Dann entscheidet die Art des Sonntags, die Art des Feierabends, die Art des Lebens darüber, ob ich Ruhepunkte einbaue, die mir inneren Aufwind ermöglichen. Wie Sagmeister feststellt: »Jammern ist dumm. Entweder du handelst oder du lässt es!«

Olaf trägt auch in diesen Tagen seinen Cowboyhut – wir fühlen uns als Cowboys der Großstadt. Wie wir in der Wallstreet feststellen, tobt der Tanz ums goldene Kalb auf subtile Weise. Dieser Goldrausch hat Sieger und Verlierer wie hoch im nördlichen Yukon. Wirklich reich und vor allem glücklich macht er nur ganz wenige. Menschengruppen drängen sich um die potente Statue des Stiers unweit der New Yorker Börse, die heute medienwirksam ihre Fusion mit der Frankfurter Börse ankündigt. Vor dem Gebäude hat sich die internationale Presse mit zahlreichen Übertragungswagen aufgebaut. Es gibt Live-Berichte und Interviews auf offener Straße. Wir schieben uns durch Touristen und Kamerateams, überholen Gruppen von uniformiert aussehenden Anzugträgern und atmen auf, als wir am Ufer des Hudson River stehen. Der Blick geht hinaus zur Freiheitsstatue, Symbol des neuen Lebens für Tausende Ankömmlinge, die per Boot das berühmte Einwanderungsportal »Ellis Island« passieren mussten, um sich ihre Zukunft in Amerika aufzubauen. Wie leicht wir dagegen heute von einem ins andere Land reisen können! Die Welt ist spürbar zusammengerückt, zumindest aus der Sicht von Bewohnern eines reichen, demokratischen europäischen Landes. Uns wird bewusst, dass wir daran keinen Anteil, sondern einfach nur Geburtsglück hatten. Es ist ein

Glück, dass wir Nora nicht nur die Natur und Einsamkeit, sondern auch die Kultur, Geschichte und Vielfalt hier zeigen können.

Am 16. Februar ist unser Familiensabbatical ein halbes Jahr alt. Vor exakt sechs Monaten sind wir ins Sabbatjahr aufgebrochen. Bei unserem Abflug aus Deutschland hat sich Beate die Frage gestellt: Wer bin ich? Wer bin ich ohne meine berufliche Position, ohne die örtliche Zugehörigkeit, ohne gesellschaftlichen Status. Jetzt beantwortet sie die Frage so: »Ich bin eine glückliche Frau, die froh ist, ihren Traum zu leben. Ich bin eine Mutter, die sich daran freut, drei Kinder zu haben, die fantastische Menschen sind und die ich gerne auf dem Weg in ihr Leben begleite. Ich bin eine Frau, die die Liebe des Lebens gefunden hat und die weiß, dass dieses Pflänzchen Liebe immer wieder Nahrung und Pflege braucht. Ich bin die Tochter, die ihren Eltern und dem Bruder dankbar ist für alle Nestwärme, Liebe und Begleitung. Ich bin eine Frau, die ihren eigenen Weg gehen will und dafür Freiraum braucht, die dankbar für die Erfahrung und Kraft des Glaubens ist. Ich bin ein Mensch, der Freude am Schreiben, Beobachten, Sinnieren hat und sich auf künftige Herausforderungen freut. Ich habe die Tiefe des Lebens neu kennengelernt und liebe das Leben. Deshalb möchte ich Lebensermutigerin für andere sein! Kurz gesagt, ich bin ein Glückskind!«

Es ist eine Art der inneren Weiterentwicklung, die in den zurückliegenden Monaten geschehen ist. Nach innen und von innen her zu sehen, verändert die Sichtweise, macht manche Sicht weise. Dazu passt ein Spruch von Paul Gauguin, den wir in der U-Bahn lesen: »Ich schließe die Augen, um zu sehen.« Er ist Teil einer Werbekampagne der *River Church New York*, die wir so interessant finden, dass wir uns aufmachen, als Abschluss unserer Großstadtwoche deren sonntäglichen Gottesdienst zu besuchen. Um zehn Uhr betreten wir einen futuristischen Vortragssaal im vierzigsten Stockwerk des World-Trade-Center Komplexes. Dank einer bodentiefen Fensterfront in der Eingangshalle geht der Blick weit über Manhattan und hinab in die Baugrube der ehemaligen Twintower. Hier sind tausende Menschen gestorben. Wir schauen berührt auf eine Stätte gestorbener Träume und begrabener Hoffnungen. Gleichzeitig ist an dieser Stelle der Grundstein für Neues gelegt. Es fällt uns schwer, das unbeschwerte Sonntagmorgen-Gefühl wiederzufinden. Doch die Predigt des Pastors, gedacht für ein anspruchsvolles »Downtown-Manhattan-Publikum« ist alles andere als einlullend. Der kleine Mann erzählt so lebendig, persönlich und kraftvoll über das bekannte Gleichnis vom verlorenen Sohn, dass wir nur staunen können. Er ermuntert zu einem Leben in Fülle, zu Fragen, die unter die Haut gehen, zu einer Gemeinschaft, die persönlich wird, Netzwerk bietet, einladend ist. Das Abendmahl wird nicht von kirchlichen Amtsträgern ausgeteilt, vielmehr stehen auf einem Tisch vor der Fensterfront Schalen mit Oblaten, daneben Becher mit Saft oder Wein und dazu ein Schild: Bitte tauche die Oblate in das Getränk und sei willkommen. Man traut dem einzelnen Besucher die Kompetenz zu, sich bei Gott zu bedienen. Das ist uns noch nirgends begegnet. »Abendmahl to go« mit viel Freiraum, der Möglichkeit beratender Gespräche, guter, moderner Musik und vielen Gästen, die deutlich unter fünfzig Jahre alt sind. Offensichtlich gelingt es der Kirche, mit ihrem Konzept zu den Menschen durchzudringen und Nutzen zu stiften. Wer würde sich sonst am Sonntag zu einem der drei River-Gottesdienste auf den Weg machen, wo es vor Angeboten in dieser Stadt nur so wimmelt? Wir fühlen uns nach dieser Woche der Andersartigkeit erfrischt, haben aufgetankt und ahnen noch nicht, wie wichtig dieses Kraftpolster gerade in den nächsten Tagen für uns sein wird.

Abgestempelt

Schlaftrunken, aber mit dem Gefühl, auf vertrautem Boden zu landen, verlassen wir um ein Uhr morgens in Vancouver das Flugzeug und begegnen einem misstrauischen, hellwachen Immigrationsoffizier.

Seine Fragen zum Grund unserer Einreise sind knapp. Und unsere Antworten offensichtlich nicht ausreichend. Pech für uns, großes Pech, denn jetzt wird es ungemütlich. Das gebuchte Hotelzimmer bleibt vorerst leer und unsere Hoffnung auf einen erholsamen Schlaf wird sich so schnell nicht erfüllen. Wir werden nun extra befragt, warten in einem neonerleuchteten Raum, verstehen nicht, wieso unsere Erläuterung zum Sabbatical für die Einwanderungsbehörde unglaubwürdig ist. Man unterstellt uns offensichtlich, dass wir die Einwanderungsbestimmungen bewusst hintergehen und illegal in Kanada bleiben wollen. Scheinbar ist das ein Weg, den manche Menschen wählen, um das aufwändige Verfahren der Immigration zu umgehen. Wir fühlen uns im Recht, haben wir doch genau aus dem Grund, die kanadischen Gesetze zu achten, das Land vorschriftsmäßig verlassen. Wir fragen nach, wie lange man außer Landes hätte bleiben müssen, um wieder rechtskräftig einzureisen und bekommen keine Antwort. Die Machtlosigkeit und das Gefühl des Ausgeliefertseins lähmen uns. Nora spürt trotz der Übernächtigung, dass wir in eine schwierige Situation geraten sind. Wir können sie nicht wirklich trösten, denn wir sind ja selbst ratlos. Der Offizier ist mit unseren Ausweisen in einem Nebenzimmer verschwunden. Wir warten, still, verzweifelt, hoffend. Lange Zeit später kommt er zurück und händigt uns die Pässe aus. Sie tragen einen Stempel, der uns zur vorübergehenden Einreise ermächtigt und verlangt, dass wir das Land innerhalb von vierzehn Tagen verlassen müssen.

Vierzehn Tage? Uns bricht der Boden unter den Füßen förmlich weg. Vierzehn Tage? Was ist mit all den Plänen für die nächsten Monate, mit all der Vorfreude, mit Noras Schule? Wir wollen nicht zurück nach Deutschland – wohin sollten wir auch gehen? Da gibt es zur Zeit keine Wohnung. Noch ist nichts für unsere Rückkehr organisiert. Doch wir sind mit diesen Pässen jetzt abgestempelt, als unerwünschte Personen sichtbar gemacht.

Nora rollen die Tränen über das Gesicht, als sie den Offizier fragt, was wir falsch gemacht hätten und wieso er uns nicht glaubte, dass wir nicht für immer in Kanada bleiben, sondern tatsächlich im Sommer zurück nach Deutschland fliegen wollen. Die bezahlten Rückflugtickets, das Schreiben der deutschen Schule, dass unsere großen Kinder in Deutschland wohnen – nichts scheint überzeugend genug zu sein. Nora bekommt keine Antwort auf ihre Frage, lediglich den Hinweis, dass vierzehn Tage schon ein Entgegenkommen seien. Immerhin hätte man uns auch sofort zurückschicken können. Aufbegehren ist zwecklos, die Machtverhältnisse sind zu ungleich. Erinnerungen an manche Grenzepisode im geteilten Deutschland tauchen unvermittelt bei uns auf. Deprimiert verlassen wir den Flughafen und fallen im nahen Hotel in die vorbestellten Betten. Nora gelingt es, irgendwann einzuschlafen. Wir Eltern sind uns der Verantwortung für die Verlängerung unseres Aufenthaltes bewusst und sehen doch keine Lösung für das Problem. So liegen wir todmüde, aber schlaflos in den Betten. Irgendwann übermannt jeden von uns der dringend erforderliche Schlaf dann doch, erholsam ist er jedoch nicht. Kein Wunder, dass uns am nächsten Morgen die Dame an der Rezeption fragt, ob wir nicht gut geschlafen hätten. Als wir unsere Geschichte in Kurzform erzählen, entschuldigt sie sich für ihr Land. So etwas dürfe nicht passieren und sie wünscht uns den Erfolg des Bleibens. Genau diese bisher erlebte Freundlichkeit und Liebenswürdigkeit der Kanadier haben wir in der letzten Nacht schmerzlich vermisst.

Was können wir tun? Man muss doch etwas tun können! Das ist eine typisch deutsche Haltung. Also fahren wir nach telefonischer Voranmeldung zur Vertretung des deutschen Konsulats an den Canada Place in der Stadtmitte Vancouvers. Dieses Mal haben wir keinen Blick für die Schönheit der Hafenbucht, die verschneiten Berge im Hintergrund und die Kreuzfahrtschiffe an der Landungsbrücke. Uns bewegen weit existenziellere Themen. Es ist wie eine Krankheit, die plötzlich über dein Leben hereinbricht. Sie verändert alles schlagartig. Prioritäten, Wünsche, Wertigkeiten verschieben sich von heute auf morgen. Unser größter Wunsch ist es momentan, entspannt zurück ins Cariboo zu fahren, wissend, der Stempel im Pass war nur ein schlechter Traum. Leider ist er dick, fett und eindeutig der Kategorie Realität und nicht einem Alptraum zuzuordnen. Da kann auch der Angestellte in der deutschen Vertretung nicht zaubern. Er bedauert den Vorfall, erklärt uns, dass es offensichtlich in den letzten Monaten ein strengeres Verfahren zur Einreise gebe und beteuert, dass wir nicht der einzige Fall seien, bei dem Deutsche ohne weitere Erklärung zur Ausreise veranlasst worden wären. Es sei extrem unerfreulich, doch sei das Verfahren eine kanadische Angelegenheit, in die man diplomatisch nicht eingreifen könne. Es gebe keine Ausführungsbestimmungen, die man für die Einreise einklagen könnte. Der jeweilige Offizier der Grenzbehörde dürfe souverän handeln, auch wenn uns das jetzt nicht passte. Damit nimmt uns der deutsche Konsulatsbeamte auch den letzten Hauch von Wind aus den schlaffen Segeln. Es bleibt uns wohl nur die Frist von vierzehn Tagen, um einen einigermaßen geordneten Rückzug anzutreten. Wir rufen Bruno, unseren Vermieter, an, um ihm von dem ganzen Schlamassel zu erzählen. Er ist nicht mal überrascht, weil er genau in dieser Nacht von Schwierigkeiten bei unserer Wiedereinreise geträumt hat. Wir sind verblüfft, er dagegen hat die Fassung schnell wieder gefunden und will in den nächsten Stunden Erkundigungen einholen. Er mahnt uns, trotz allem sorgfältig und konzentriert zu fahren, und wünscht uns eine gute Reise in den Norden. Dieses Mal entspricht der graue Schneeregen exakt unserer Stimmung. Es könnte kaum trostloser sein. Schweigend, hin und wieder am Kaffeebecher nippend, fahren wir den Bergen nördlich von Vancouver entgegen. Lediglich das Gefühl, unseren Hund bald wieder zu begrüßen und ihn nicht ausgeliefert zu wissen, kann ein wenig trösten. Die sonstige Fröhlichkeit, die Gespräche, Noras Fragen oder das Staunen über Naturschönheiten, die uns während der Fahrt begegnen, ist verschwunden. Die Gedanken kreisen um das Wohin. Wohin sollen wir gehen? Eigentlich haben wir ja Zeit und viele Möglichkeiten. Niemand erwartet uns in Deutschland. Wir müssen lediglich dafür sorgen, dass Nora unterrichtet wird. Aber wir haben wenig Spielraum für Experimente. Einreisebedingungen für einen Hund und ein schulpflichtiges Kind schränken die Aufenthaltsorte ein. Geld ist ein weiteres Kriterium. Wir wollen weder nach Südostasien noch in die USA. Nach Europa zurückzugehen, kommt uns wie ein Scheitern des Projektes vor. Unser Traum war die Weite des kanadischen Westens. Und wir hätten so viele Möglichkeiten, wie das Sabbatjahr weitergehen könnte. Frans Haus in Wells wartet auf uns, das Blockhaus ist bis Ende April bezahlt, Olaf hat zugesagt, als Teil einer kanadischen Mannschaft bei zwei großen Rennen mitzumachen. Er freut sich und trainiert bereits für den *Goldrush-Relay* und das *Death Race* in den nördlichen Rocky Mountains. Es soll für ihn der sportliche Höhepunkt des Sabbatjahres kurz vor unserer Heimreise werden. Und wieder enden die Gedanken bei der Frage nach dem Warum. Unsere Auszeit scheint von außen begrenzt zu sein, wie der Verlauf der schmalen Straße im Canyon, durch den wir gerade fahren. Steile, unwirtliche Felshänge und der Weg geht eben nicht darüber hinweg, sondern nur geradeaus, ohne Alternativen. Man bräuchte Aufwind wie ein Adler, um die Berge und Hindernisse zu überwinden. Und ausgerechnet heute sehen wir unglaublich viele Weißkopfseeadler auf den Bäumen am Wegrand. Auch Nora ist darauf aufmerksam geworden. Sie beginnt mit dem Zählen. Es lenkt von den trüben Gedanken ab. Sechzehn Adler verkündet Nora, als wir schließlich Stunden später den Canyon verlassen und unser Handy wieder Funkkontakt hat. Drei Nachrichten von Bruno. Er macht uns in seinem freundlichen Schweizer Akzent Mut, die Hoffnung nicht aufzugeben. Er habe schon Kontakt zur Einwanderungsbehörde in der Region aufgenommen und es gebe vielleicht einen Ausweg. Er setzt alle Hebel der Kommunikation und Beziehungen in Bewegung. Wie gut, wenn man Menschen hat, denen es nicht egal ist, was mit einem geschieht! Beate hat sich nach unserem ergebnislosen Besuch im Konsulat ein Wunder und einen Engel gewünscht. Es scheint, als sei der Engel schon aktiv. Als wir kurz vor 100 Mile House sind, überholen wir die ersten Schneemobile. Die Silhouette der Berge in der Ferne, Schneewehen am Fahrbahnrand, verwittert aussehende Holzhäuser und fette Trucks, die hupend an uns vorbeiziehen – so sieht das Cariboo im Winter aus. Im General Store am Highway, wo wir einige Lebensmittel einkaufen, legt der Kunde vor uns drei Köder für die Angel auf den Ladentisch. Eisangeln, na klar! Wir sind zurück im Land der Unikate, Querdenker, Goldsucher und Cowboys, Welten entfernt von Businessanzügen, Frühlingsblumen und Einwanderungsbestimmungen. Kurz taucht der Gedanke auf, ob es überhaupt jemand bemerken würde, wenn wir einfach hier bleiben würden. Doch darauf können und wollen wir es nicht ankommen lassen. Wir haben schließlich nichts Unrechtes getan und wollen uns auch nicht wie Verdächtige fühlen, die immer befürchten müssen, dass ihr Geheimnis entdeckt wird. Wir wollen heraus aus dem Stempelstatus. Noch dreizehn Tage haben wir Zeit.

Wir holen unseren Hund ab, der sich unbändig freut und fahren über eisige Wege vorsichtig zu unserem Blockhaus. Unser Blockhaus – wie das klingt. Es ist ja nur eine Unterkunft auf Zeit und, wie es aussieht, für erheblich kürzere Zeit als gedacht. Als wir die Tür aufschließen, sehen wir einen Korb mit Leckereien auf dem Küchentisch stehen und wissen, dass jemand unseren Empfang vorbereitet hat. Das Haus ist bereits geheizt. Ein Zettel von Bruno und seiner Familie heißt uns willkommen: Welcome back. Nehmt's nicht allzu schwer. Wir alle helfen euch!

Noch bevor die letzte Tasche im Haus ist, klopft es an der Tür. Ken und Jody sind gekommen. In Windeseile muss sich unser Pech herumgesprochen haben, denn sie bringen uns Grüße von etlichen Leuten, Nora zum Trost einen Kuscheltier-Husky sowie die Einladung auf die Ranch ihrer Freundin Bethany zum morgigen Spielen. Die fürsorglichen Menschen wissen, dass Nora jetzt Ablenkung gebrauchen kann und sorgen auf ihre Weise dafür. Wir werden von einem Netz getragen, dessen Existenz wir allenfalls geahnt haben, und sind froh, die Sorgen nicht allein aushalten zu müssen.

Unterstützungsangebote und E-Mails treffen ein. Jeder versucht, uns auf seine Art zu helfen. Wir werden mit Essen versorgt, erhalten Kontakt zu Rechtanwälten und Parlamentariern, bekommen Formulare übersetzt und ermutigende Briefe. Schließlich bringt Bruno in Erfahrung, dass wir sofort einen Eilantrag auf Verlängerung unseres Aufenthaltes stellen sollen. Ein Berg von Papieren ist auszufüllen und fordert unsere Aufmerksamkeit. Die Parlamentarierin, bei der wir einen Sondertermin bekommen, kann zwar nicht ins Geschehen eingreifen, bestätigt uns aber, dass wir in Kanada bleiben dürfen, solange der Antrag auf Verlängerung offiziell bearbeitet wird. Dieses Verfahren kann bis zu vier Monaten dauern. Vier Monate erscheinen uns wie eine wunderbare Ewigkeit. Damit unser Antrag auf Verlängerung Aussicht auf Erfolg hat, brauchen wir Fürsprecher, die bezeugen, dass wir die Wahrheit gesagt haben und mit unserer Anwesenheit einen Nutzen für Kanada stiften. Unsere Bitte um sogenannte »Letters of support«, eine Art persönliches Empfehlungsschreiben, verbreitet sich wie ein Lauffeuer und schon zwei Tage später haben wir sechs individuelle Briefe vorliegen, manche davon sind sogar handgeschrieben, einige mehr als eine Seite lang. Beate liest sie mit zitternder Stimme vor. Es ist die Kategorie Briefe, die man selbst nur selten hört. Solche Wertschätzung findet sich in Nachrufen, die bei einer Beerdigung gesprochen werden, und dann ist es eigentlich zu spät dafür. Dies persönlich, schwarz auf weiß zu lesen, berührt uns zutiefst. Wir entdecken, dass die Ängste der letzten Tage und der ganze Ärger auch eine positive Seite haben.

Es wirft die Frage auf: Wie gehe ich mit dem um, was mir im Leben begegnet? Wie wir diese Frage beantworten, entscheidet darüber, ob wir an Niederlagen scheitern oder daran wachsen. Es ist nicht schlimm, hinzufallen. Nur das Liegenbleiben wäre fatal. Wir erleben, dass uns viele Menschen beim Aufstehen helfen. Aber auch sie können nicht verhindern, dass Nora schwer krank wird. Ob es ein Virus auf der Reise oder die nervliche Belastung war, weiß niemand zu sagen. Ähnlich wie beim Start ins Sabbatjahr hat sie hohes Fieber und einen Husten, der sie nicht zur Ruhe kommen lässt. Als wäre das nicht genug, quittiert auch unser Auto bei minus dreißig Grad seinen Dienst und zwar just in dem Moment, als wir den Brief mit allen Unterlagen für die Immigrations-Behörde fertiggestellt und per Eilpost in der Poststelle in 100 Mile House auf den Weg gebracht haben. Glück im Unglück, dass das Ganze nicht irgendwo auf der Landstraße, sondern direkt in der Kleinstadt passiert. Kaum haben wir ratlos die Kühlerhaube aufgeklappt, stehen schon vier Passanten daneben, die helfen wollen und Tipps geben. Wie durch ein Wunder haben wir nicht nur Handyempfang, sondern erreichen auch Bruno, der wenige Straßen weiter seine Tochter von der Schule abholt. Er lässt einen geschäftlichen Termin in der Stadt ausfallen, um uns einen Abschleppservice zu organisieren. Dank seiner Fürsprache nimmt uns die Autowerkstatt außerplanmäßig dran und verspricht, die defekte Benzinpumpe schon in der kommenden Woche zu reparieren. Benommen von so viel Glück und Unglück zur gleichen Zeit lassen wir uns in Brunos Auto fallen und nach Hause fahren. Als hätte sie es geahnt, wartet Jody dort auf uns. Sie war einfach bei Nora geblieben, als wir nicht wie verabredet nach einer, sondern erst nach vier Stunden wieder zu Hause eintrafen.

Zu Hause! Es gibt kein passenderes Wort, um das Blockhaus zu beschreiben. Durch diese ganzen Schwierigkeiten spüren wir, wie tief wir uns schon auf ein Leben an diesem Ort und mit diesen Menschen eingelassen haben. Es gehört untrennbar zu unserem Sabbatical dazu. Der Blick aus den Fenstern in die menschenleere Winterlandschaft, die Sonne über dem verschneiten Horselake, die Elchspuren vor der Haustür, das freundliche »How are you – Wie geht's dir«, wenn wir die entfernten Nachbarn mal treffen, das Knacken der Holzscheite im Ofen und der Blick auf die mächtigen Holzbohlen im Wohnraum – dies alles macht Geborgenheit, Zuflucht, Zuhause aus. Wir sind weit davon entfernt, die Situation schönzureden, aber wir versuchen, mehr als eine Seite des Ganzen wahrzunehmen. Ja, es kann sein, dass schon kommende Woche die Ausreise droht und der negative Bescheid im Briefkasten liegt. Aber heute sind wir hier und heute können wir etwas aus dem Tag machen. Ohne diese leidige Angelegenheit hätten wir nie diese intensive Form der Unterstützung erlebt. Jetzt sind wir dankbar für die Freunde, für ein Netz, das uns aufgefangen hat. Ja, Nora ist krank, aber es gibt Ärzte in 100 Mile House und wir bekommen schließlich ein Antibiotikum, mit dem sie wieder genesen kann. Wir denken an die Adlerperspektive und versuchen, diese Zeit mit Abstand zu sehen. Was kann im schlimmsten Fall passieren? Es ist ja nur die Ausweisung aus einem Land. Wir könnten in Deutschland irgendwo unterschlüpfen, das Leben ginge doch weiter. Viktor Frankl, österreichischer Psychologe und Überlebender eines Konzentrationslagers, hat einmal gesagt: »Man kann dem Menschen alles nehmen, nur nicht die Freiheit, sich so oder so zu den Umständen zu verhalten.« Mitten in der Tiefe der Verunsicherung spüren wir, wie die Zuversicht wieder Raum gewinnt in unserem Denken und die Angst kleiner wird.

Momentan fühlen wir uns wie in einem Labyrinth. Wir wollen dem Weg trauen, können aber nur bis zur nächsten Wegbiegung sehen. Ob es dann näher zum Ziel oder in eine entferntere Schleife geht, können wir nicht sagen. Bruno meint scherzhaft, wir sollten uns lieber entspannen, als ängstlich auf Post zu warten. Vielleicht hätte die Immigration unseren Brief vergessen. Mitunter arbeiten die Behörden sehr langsam, vielleicht würde die Antwort erst kommen, wenn wir schon längst wieder in Deutschland wären. Recht hat er. Wir haben alles getan, was in unserer Macht liegt und jetzt müssen wir loslassen. Der ganze Schlamassel bewirkt, dass wir umso dankbarer für jeden weiteren Tag unseres Sabbaticals sind. Die Sonne lacht bei minus 25 Grad und der Horselake lädt zum Langlaufen ein. Die Bewegung im Freien, Licht, Wind und frische Luft helfen, dass wir uns von dem Seelenstress regenerieren. Noras Lehrer kommt überraschend zum Krankenbesuch und bringt lauter Schokoherzen als Gruß von den Mitschülern mit. Er sagt: »Wenn du schon nicht in die Schule kommen kannst, dann kommt die Schule eben zu dir«, und zaubert ein erstes Lächeln auf Noras blasses Gesicht. Ganz langsam entspannen wir uns und machen zaghaft wieder Pläne für die kommenden Wochen in Kanada.

Seelenfutter und Well(s)ness

Wir hatten uns so auf Wells gefreut. Noch vor New York hatte Fran uns geschrieben, dass wir das grüne Holzhaus in Wells im März mieten könnten. Als unser Budget für die Miete des Hauses zu knapp war, hatte sie kurzerhand gemeint, wir sollten den Aufenthalt in Wells als Geschenk von Kanadiern an ihre deutschen Freunde annehmen. Ja wo gibt's denn so etwas? Wir waren sprachlos. Begeistert sagten wir zu und freuten uns bereits auf zwei Wochen Wohnen in den Bergen des Cariboo. Jetzt scheint der Traum zu platzen, denn unser Auto ist noch in der Werkstatt. Als Ken und Jody davon hören, überraschen sie uns mit dem Angebot, ihren Pickup-Truck zu nutzen. Sie haben noch einen alten Zweitwagen auf dem Gelände. Sie würden dann unseren Chevy von der Werkstatt abholen und diesen fahren, bis wir wiederkämen.

Und so wird wahr, was wenige Tage zuvor noch undenkbar schien. Am 2. März schweben wir im gut gefederten Pickup bei Countrymusik über verschneite Straßen nordwärts. Wir sitzen zu dritt in der ersten Reihe, haben einen großartigen Blick auf die unermessliche Weite der Landschaft und selbst Nora singt »North to Alaska« lauthals mit, als es im Radio läuft. So zu reisen macht Spaß! Waren wir vor einer Woche erst in New York? Es scheint, als wäre dies in einem anderen Leben gewesen. Die Fülle der Ereignisse der letzten Tage und die damit verbundene emotionale Berg- und Talfahrt hat unser Zeitgefühl total verändert. Jetzt sehnen wir uns danach, wieder einen kanadisch-entspannten Rhythmus aufzunehmen, und mit jedem Kilometer wächst die Vorfreude auf die Tage in den abgelegenen Bergen der Cariboo Mountains. Außerdem erwarten wir noch eine originelle Begegnung. Schon vor unserem Sabbatjahr haben wir in Deutschland bei einem mitreißenden Vortrag über die Durchquerung der Rocky Mountains zu Pferd die beiden Abenteuerreiter Günter Wamser und Sonja Endlweber erlebt. Als es sich abzeichnete, dass die beiden ihren Ritt in Westkanada fortsetzen werden, haben wir einen lockeren Kontakt gehalten. Jetzt stellt sich heraus, dass sie ihren Wanderritt im Winter unterbrochen und ihr Übergangsquartier ausgerechnet in Wells gefunden haben. Da deren Route eigentlich mehrere hundert Kilometer weiter östlich entlangführt, finden wir es unglaublich, dass sie jetzt im gleichen kleinen Ort wohnen werden. Auf dieses Treffen sind wir gespannt!

Als wir Wells erreichen, ist von dem meterhohen imposanten Ortseingangsschild nur die oberste Spitze zu sehen. Berge von Schnee haben die Landschaft im Vergleich zur Adventszeit völlig verändert. Im »Schneeloch« Wells fallen extreme Niederschläge. Würden die Dächer der Holzhäuser nicht regelmäßig freigelegt, würden sie unter der Schneelast einbrechen. Da Fran noch im Goldmining-Camp ist und uns nicht persönlich empfangen kann, hat sie dafür gesorgt, dass wir das Haus offen vorfinden. Das kleine grüne Haus schaut unter einer Schneehaube hervor, die schon ziemlich bedrohlich aussieht. Es ist klar, was unsere erste Tätigkeit hier sein wird. Ein schmaler Gang zwischen Schneemauern führt zur Haustür und siehe da, die Tür ist unverschlossen. Wir klopfen den Schnee von den Füßen, treten ein und finden auf dem Tisch im Wohnraum einen Brief an uns: »Happy spring, Beate, Olaf and Nora. Make this home your home. Use what you find and enjoy your time. See you the next days. Bill will help you with anything. Fran« So, wie man sich in Deutschland frohe Ostern zuruft, so wünscht man sich hier den Frühlingsbeginn. Fröhlichen Frühlingsanfang? Also beim besten Willen können wir draußen kein einziges Anzeichen von

Frühling entdecken. Was nicht ist, kann ja noch werden, so die kanadische Haltung, und unsere freundliche Gastgeberin hat ihre Worte tatkräftig mit einem ersten Tulpenstrauß unterstrichen – wunderschön und total unwirklich in dieser tief verschneiten Winterwelt. Aruna springt begeistert durch den weißen, trockenen Pulverschnee, während wir den Truck ausräumen. Olaf hat rasch den Ofen angeheizt und bis das Haus auf Betriebstemperatur kommt, lassen wir lieber die Jacken an. Da klopft es auch schon an der Tür. Eine Klingel gibt es nicht, dafür ein Telefon und – man glaubt den Luxus kaum – einen Internetzugang. Draußen steht Bill mit offener Jacke, als wären es nicht minus, sondern plus fünfzehn Grad. Er bringt uns frisch gebackenes Brot von Claire und das Angebot, dass sie Beate und Nora das Backen beibringt, wenn wir es wollen. Welch ein Empfang! Auch hier scheint es, als ob wir längst Freunde hätten, die sich auf unsere Ankunft freuen.

An dem Brot gibt es nichts auszusetzen, außer dass es viel zu schnell aufgegessen ist. Da es im Ort keinen Bäcker gibt und der einzige kleine Laden auch nur das Nötigste bereithält, haben die Menschen riesige Gefriertruhen. Bei einem Einkaufsweg von 160 Kilometern Gesamtstrecke machen plötzlich auch die großen Verpackungseinheiten Sinn, die wir in den Supermärkten sonst immer so hässlich finden. Und es liegt nahe, viele Dinge selbst herzustellen. Also bäckt Claire ihr Brot ganz nebenher, als Ausgleich und Pausenbeschäftigung parallel zur Arbeit im Kunstatelier. Tatsächlich kommt sie zwei Tage danach, um Beate sorgfältig die Tipps und Tricks eines gelungenen Brotbackens beizubringen. »Mein erstes selbstgebackenes Brot schmeckt unglaublich gut«, notiert Beate an diesem Abend voller Stolz in ihrem Tagebuch. So etwas wäre in Stuttgart undenkbar gewesen, für uns jedenfalls. Wenn man vier Bäcker in Laufentfernung erreichen kann und voll berufstätig ist, dann gehört das Brotbacken zu den Dienstleistungen, die man gerne einkauft. Aber hier, in der einsamen Dorfwelt im abgelegenen Tal der Cariboo Berge passt es ausgezeichnet dazu.

Tag für Tag erobern wir die nähere Umgebung. Das Goldgräber-Museumsdorf Barkerville ist im Winter frei zugänglich. Die Zugänge zu den Kassen, an denen sich im Sommer die Touristen drängen, sind zugeschneit. Der Hauptweg und etliche Dächer werden beräumt, um die Gebäude zu erhalten. Die Häuser sind verschlossen und wirken gerade dadurch, als wären die Bewohner nur kurz einkaufen oder in der Goldmine zum Arbeiten. Wir fühlen uns wie vor einhundert Jahren und staunen, als sich die alte Kirchentür knarrend öffnen lässt. Kein Mensch ist außer uns zu sehen, wir dürfen uns als Bewohner von Barkerville fühlen. Auch in Wells ist die Zahl der Einwohner deutlich geringer als im Sommer. Das Bears Paw Café ist im Winter geschlossen, doch Cheryl und Dave reißen die Tür auf, als wir vorbeistapfen. Sie erinnern sich an uns und wir laden sie zusammen mit den Künstlern aus der Kirche zum abendlichen Essen ein. Jeder bringt etwas mit und so füllt sich das Zimmer mit dem Duft von gebratenem Lachs, französischer Quiche, leckerem Salat, frischem Brot und dem fröhlichen Gespräch zufriedener Menschen. Hier ist Gemeinschaft, Austausch und Anregung wichtig für die Seele. Doch es gibt auch Menschen, die davon deutlich weniger brauchen und kilometerweit außerhalb des Dorfes allein leben. Sie schätzen die Einsamkeit so sehr, dass sie bereit sind, auf anderen Komfort zu verzichten. Zwei dieser Menschen sind Heather und Susan und sie staunen nicht schlecht, als sie uns in Frans Haus antreffen, wo sie zum Duschen kurz vorbeischauen. Ja, zum Duschen! Mit Fran haben sie die Abmachung, dass sie ab und zu auf dem Weg in die Stadt in Wells anhalten und das Bad benutzen dürfen. Diesen Luxus gibt es in den rustikalen Holzhütten der Trapper der Neuzeit nämlich nicht und um wie im Sommer üblich im Fluss zu baden, ist es jetzt eindeutig zu kalt. Lachend machen wir uns miteinander bekannt und staunen über diese andere Lebensweise. Bei uns gehört ein Computer, bei diesen Frauen das Jagdgewehr zur Grundausstattung – und jedes hat seinen Sinn.

Und dann treffen wir tatsächlich Günter und Sonja, die Abenteuerreiter. Ihre Pferde sind im Winterquartier auf einer Ranch in den Rockies, nahe der Route, die sie im Frühjahr fortsetzen wollen. Sie selbst gönnen sich statt der sonst üblichen Vortragstour in Deutschland einen Winter in Kanada. Wir merken, dass die Reisekonstellation großen Einfluss darauf hat, was man erlebt und vor allem mit welchen Leuten man in Kontakt kommt. Während die beiden Kanada mit Zelt und Packpferden auf einsamen Pfaden entdeckt haben, sind wir neben allen Erlebnistouren auch in die kleinen Dorfgemeinschaften der *Communities* hineingekommen. Ein Schulkind und ein Hund eröffnen ganz andere Begegnungsmöglichkeiten. Viele Erfahrungen als Deutsche in Kanada sind dennoch gleich und die Leidenschaft, diese prächtige Natur auf eigenen Pfaden zu erleben, verbindet uns. Es macht Spaß und beflügelt die Gedanken, Menschen zu treffen, die ihre Lebensprojekte so mutig und lustvoll umsetzen wie diese beiden. An einem der nächsten Abende zeigen Sonja und Günter ihren Vortrag, der uns schon in Deutschland begeisterte, im Bears Paw Café. Es ist ein besonderes Erlebnis, gedrängt zwischen fünfundzwanzig »Wellsianern« zu sitzen und sich von deutschen Landsleuten mit fantastischen Fotos in die nahen Bergmassive der Rocky Mountains entführen zu lassen.

Wir sitzen also am 6. März, dem gestempelten Ausreisedatum in unseren Reisepässen, nicht im Flugzeug nach Deutschland, sondern im Künstlerdörfchen Wells, als würden wir zu den Einheimischen gehören. Dieses Gefühl der Freude darüber ist übermächtig. Ein Kontrollanruf bei Bruno hat ergeben, dass von der Behörde keine Post kam und auch sonst keine Nachfragen gestellt wurden. Es scheint, als hätte man uns in der Weite des Nordens wieder vergessen. Wir sind zufrieden und erkennen, dass all diese Erlebnisse das Sabbatjahr vertiefen. Jeder Moment ist ein Geschenk!

Dank Noras Besuch in der Dorfschule lernen wir auch die Besonderheit der hiesigen Schulsituation kennen. Künstler wie Claire kommen stundenweise, um den Kunstunterricht mit zu gestalten, Eltern übernehmen die Pausenaufsicht oder auch die Zubereitung schmackhafter Lunchbrote. Wir haben den Eindruck, das ganze Dorf trägt mit dazu bei, dass die Kinder eine vielfältige, anregende Schulzeit haben. Siebzehn Kinder von Kindergarten bis Klasse sieben werden zwar gemeinsam unterrichtet, aber je nach Klassenstufe und Alter individuell gefördert. Als die älteren Kinder am Nachmittag unter sich sind, wird Nora gefragt, wo in Kanada das Deutschland liegt, aus dem sie kommt. Ist Deutschland eine Stadt oder ein Dorf und ist es dort ähnlich wie in Wells? Die Lehrerin ermöglicht Nora, über Google Earth die Klasse zu einer virtuellen Reise einzuladen. Die findet es total lustig, den Kindern von Wells ihre Heimat in Stuttgart und sogar unser früheres Haus und die umliegenden Straßen auf der Großleinwand zu zeigen. Die Schule in Wells kombiniert moderne technische Errungenschaften mit den Schätzen der Natur vor der Schulhaustür. Im Winter besteht der Sportunterricht aus Langlaufstunden, die in verschiedenen Leistungsklassen durchgeführt werden. Am Nachmittag hört man das Lachen der Kinder von den Langlauf-Trails im Tal heraufschallen. Manche Eltern holen ihre Kinder direkt nach dem Unterricht an der Schule ab – mit Pony, Pickup, Motorschlitten oder zu Fuß. Die Vielfalt ist beachtlich. Ebenfalls vielfältig ist das Konzept der Lebensentwürfe. Wells ist ein Ort, an dem diese Vielfalt nicht störend, sondern bestenfalls interessant und originell wirkt. Ob farbige alte Holzhäuser, das Wohnen in der Kirche, in abgelegenen Siedlungen oder in einer nachgebauten mongolischen Jurte – wir finden alles sehenswert. Corey und Mike bewohnen mit vier kleinen Kindern eine Jurte an einem Hang oberhalb des Dorfes. Bereitwillig laden sie uns ein und zeigen uns ihre ungewöhnliche, selbst konstruierte Behausung – eine Art Wohnhöhle. Die Jurte ist im tiefen Schnee kaum zu sehen, nur der qualmende Blechschornstein ragt empor und deutet auf eine menschliche Behausung hin. Auf engstem Raum sind in diesem zeltähnlichen Rundbau ein Elternschlafbett, ein Doppelstockbett für die Kinder, Regale und ein Ofen untergebracht. Es wirkt gemütlich, aber für uns wäre diese Nähe erdrückend. Corey gibt lachend zu, dass diese Art zu wohnen ein Experiment ist. Sie meint: »Wir lieben es, unsere Kinder so nahe bei uns zu haben und die Kinder lernen viel von uns. Wenn es zu laut oder turbulent wird, dann mach ich einfach die Tür auf. Da ist genug Platz zum Spielen.« So gesehen hat sie Recht, denn der nächste Nachbar ist einige hundert Meter entfernt und sonst gibt es nur Wald ringsum. »Es muss ja nicht für immer sein«, meint Corey. Es gehört Mut und ein wenig Verrücktheit dazu, so flexibel zu denken. Sehr flexibel sind ebenfalls die bewegungsfreudigen Dorfbewohner. In Ermangelung eines Fitnesscenters treffen sie sich in einem kleinen Nebenraum der dörflichen *Community hall*. Yael, die Sängerin, hat uns zum Yoga eingeladen. Sie ist nicht nur beim Singen talentiert. Ihre sportliche Fangemeinde besteht an diesem Morgen aus drei Frauen, zwei Babys, einem Hund, einem Mann und uns. Gemeinsam atmen wir die Frische des Morgens, dehnen die wintermüden Knochen und haben im Anschluss noch Zeit, um Eier gegen Brot und neuesten Dorfklatsch zu tauschen. Leben in Wells erscheint uns wie mentale Wellness in diesen Tagen. Wir kreieren für diesen Urlaub im Sabbatical das Wort »Wells-ness«.

Die Tage in Wells sind unspektakulär und dennoch vielfältig. Schneeschuhwanderungen im pulvrigen Tiefschnee, eine Langlauftour auf dem Kibbeylake, einem der Seen des Bowrongebietes, abendliche Lesestunden im gemütlichen Holzhaus, Gespräche auf der Straße mit den wenigen Nachbarn – alles ist neu, bringt Abwechslung und andere Themen mit sich. Die Wildnis und unberührte Schönheit der Natur in den winterlichen Bergen verlocken Olaf zu längeren, ausgedehnten Mehrtagestouren, die Nora und Beate aber überfordern würden. Wir beraten, ob es langsam an der Zeit ist, sich für einige Tage zu trennen. Olaf soll seinen Freiraum haben, und auch wir Frauen können uns vorstellen, dass es guttut, auf uns selbst gestellt zu sein. Es reift leise die Idee, dass Olaf noch einmal allein aufbricht, um mit Langläufern eine Mehrtagestour auf den Bowron Lakes zu machen. Dave bestärkt Olaf bei diesem Vorhaben und gießt mit seinen lebhaften Berichten und tollen Bildern Öl ins Feuer der aufkommenden Begeisterung. Warum nicht? Beate wird dann mit Nora im Blockhaus am Horselake sein und dort die Frühlingsferien verbringen.

Der Fönsturm rüttelt schon am Holzhaus, als wir uns Mitte März von Wells verabschieden. Aus Bekanntschaft ist Freundschaft geworden. Keiner weiß, ob wir im Mai noch in Kanada sein können, falls ja, dann brauchen wir in dem Monat noch ein Quartier. Unser Blockhaus muss Ende April, wenn die Sommersaison beginnt, für andere Gäste geräumt werden. Erst ab Juni können wir eine *cabin*, eine rustikale Holzhütte, auf dem Gelände bei Ken und Jody beziehen. Fran bietet an, dass wir ihr Haus in dieser Übergangszeit einen ganzen Monat lang bewohnen können. Dann allerdings wollen wir dafür bezahlen, denn auch sie kann jeden Dollar brauchen, um ihr Haus und das Grundstück weiter auszubauen. So verabschieden wir uns vorerst und hoffen auf ein Wiedersehen im Mai. Als wir Richtung Süden fahren, sehen wir die ersten Kanadagänse. Es wird tatsächlich Frühling, auch wenn kein einziges Schneeglöckchen zu sehen ist.

Die Kanadier wissen, dass man den Frühling herbeifeiern muss. Zurück bei den Freunden der *Housechurch*, werden wir zu einem fröhlich-leckeren Frühlingsfest eingeladen und dieses Mal gibt es für die Kinder Eis ohne Limit. *Happy Spring* wird zum geflügelten Wort der nächsten Wochen. Der Frühling ist eine Zeit des Aufbruchs, in der man Lust auf Neues bekommt. Zeit für Olafs Solotour.

White Gold – Abenteuer im Schnee

Damit wir Frauen nicht zu viel Arbeit haben, hat Olaf vor seiner Abreise Holz gehackt. Der große Haufen hinter dem Haus soll bis Freitag ein warmes Haus ermöglichen – und wenn es nicht reicht, dann legen wir Frauen eben selbst Hand ans Beil. Wir haben besprochen, dass Olaf sechs Tage ausreichen sollten, um die Ostseite der Bowron Lakes über den Schnee zu erobern. Den gesamten Zirkel von 126 Kilometern zu befahren ist zu weit und allein zu riskant. Ende März ist die perfekte Zeit für eine Langlauftour, denn es ist nicht mehr so grimmig kalt, aber der See ist noch gefroren. Wenn der Schnee auf der Eisdecke der Seen so schwer ist, dass sich Risse bilden und Wasser über das Eis läuft, heißt es vorsichtig zu sein. Dieses Wasser überfriert in den eisigen Nächten und es entstehen Eisflächen, in denen man einsinken kann, ohne wirklich einzubrechen. Auch offene Eislöcher, die durch warme Strömungen entstehen, gilt es aufmerksam zu umfahren. Olaf hat eine große Verantwortung für sich bei dieser Solotour. Ein Handy funktioniert so weit abseits der Ortschaften nicht mehr. Die Tour beginnt ungefähr dreißig Kilometer außerhalb von Wells und führt ins Niemandsland – genau das, was den einsamen Wolf daran reizt.

Es ist Wahnsinn, seine eigene Spur zu ziehen und zu wissen, dass man im Umkreis von mehr als sechzig Kilometern allein unterwegs ist. Snowmobile sind auf dem Bowron-Lake-Zirkel nicht erlaubt. Du musst dich mit eigener Kraft vorwärts bewegen, bist abhängig von den Eisverhältnissen, von Schnee, Wetter und Kondition. Essen, Schlafsack, Isomatte, Axt, Ersatzkleidung und Kartenmaterial musst du selbst dabei haben. Doch der Lohn der Anstrengung ist groß. Olaf erlebt, was auf dieser Welt nicht mehr alltäglich oder leicht zu finden ist: unberührte Natur, unglaubliche Weite, absolute Stille und ein Abenteuer, was man als *white gold* beschreiben kann. Ein großer Traum geht für ihn in Erfüllung.

Dave, der Outdoorexperte und Besitzer des Bears Paw Café, ermöglicht Olaf einen perfekten Einstieg in das Abenteuer und stattet ihn mit dem nötigen Equipment aus. Nach einer urigen Nacht auf dem Fußboden in Daves Café fährt Olaf gemeinsam mit ihm und zwei Frauen am nächsten Morgen hinaus zum 30 Kilometer entfernten Bowron-Lake-Provincial Park. Dave, der Eiskenner, führt die Gruppe über den See, zeigt Stellen, die es zu meiden gilt und erklärt die vielen Wildspuren, die im Schnee gut sichtbar sind. Nach einem erfüllten Skitag fährt Dave mit den anderen zurück nach Wells, während Olaf mit Aruna zur ersten Übernachtungshütte aufbricht. 28 Kilo Gepäck sind sorgsam auf dem Schlitten verstaut, aber auf der hügeligen ersten Etappe geht nach einem Sturz der Teekessel doch verloren. Dumm, wenn man weiß, dass man Schnee im Kessel schmelzen muss, um Trinkwasser zu gewinnen. In der Dämmerung trifft Olaf an der Kibbeylake-Cabin ein und stößt überraschend auf Gesellschaft aus Vancouver, einen australischen Immobilienmakler und eine kanadische Ärztin. Das Paar verbringt jede freie Minute in der Wildnis. Zuerst haben alle etwas gestaunt, denn niemand hat Hüttengesellschaft erwartet, aber dann ergeben sich gute Gespräche und eine Essenseinladung, die es in sich hat. Am Feuer wird ein erstklassiges, deftiges Essen bereitet und auf grob gehackten Holzbrettern serviert. Olaf erfährt von den Experten, wie man dünne Späne schnitzt, die nächste *cabin* findet und was man auf dem Trail beachten sollte. Ausgestattet mit dem Teekessel der hilfsbereiten Kanadier bricht er am nächsten Morgen auf und taucht ein in eine glitzernde, weiße Weite. Ab jetzt ist seine einzige Verbindung zur Außenwelt ein kleiner Notfallsender. Es gibt nur drei Knöpfe – ein o.k., die Hilfe-Taste, welche Dave alarmiert, und die 911-SOS-Taste, die den Helikopter anfordert. Olaf weiß zu diesem Zeitpunkt nicht, dass Dave seine abendlichen o.k.-Signale lokalisiert und verbunden mit einem Google-Earth-Link per Mail zu Beate ins Blockhaus schickt. So können die beiden Frauen jeden Abend sehen, wo Olaf sich befindet. Technik sei Dank!

Auch in der absoluten Einsamkeit sind die Tage gut gefüllt. Vormittags nutzt Olaf den festen Schnee, um Strecke zu machen. Auf das richtige Timing kommt es an. Das Wetter ist ein erheblicher Faktor. Von Günter und Sonja, den Abenteuerreitern, weiß Olaf, dass sie ihre Tour über die Seen wegen schlechten Wetters und zu tiefem Schnee abbrechen mussten. Also will Olaf die morgendliche Kälte nutzen und lieber nachmittags rasten. Es gibt nur eine weitere Spur in dieser Weite. Sie stammt von einer dreiköpfigen Gruppe, die vor zwei Tagen ins Gebiet gestartet ist. Olafs Wegweiser sind die Karte, freie Sicht dank gutem Wetter und diese Spur. An der nächsten Hütte angekommen, ist allerhand zu tun. Es dauert fast eine Stunde, einen Tee zuzubereiten: Feuerholz organisieren, Ofen heizen, Schnee auftauen – und dann endlich, ein Getränk. Man lernt Selbstverständlichkeiten ganz neu zu schätzen. Aruna ist für den Sologänger Gefährtin, Schutz und Mitesserin. Die beiden teilen sich Wiener Würstchen und das Brot. Das gab es noch nie! Die Hündin folgt Olaf auf Schritt und Tritt und ist auch vorsichtig an den gefährlichen Eislöchern. Abends wird gelesen, solange der Feuerschein der Kerze es zulässt. Unendlich scheint der funkelnden Sternenhimmel zu sein. Kein Tier- oder menschlicher Laut durchbricht die Stille. Nichts. Absolute Stille. Es ist, als wäre man allein auf der Welt. Eine Woche Tour, das ist die Zeitspanne, die wir maximal angepeilt haben. Ohne diese Verabredung und mit mehr Lebensmitteln auf dem Schlitten würde Olaf sicher noch nicht umkehren, so sehr genießt er das Alleinsein, die körperliche Anstrengung und die stille Weite. Nicht nur der Bart ist gewachsen, als er schließlich wieder am Horselake eintrifft. Olaf fühlt sich verändert, aufgeladen und überreich beschenkt, als er Beate und Nora wieder in die Arme nimmt. Er hat sein weißes Gold auf den Bowron Lakes gefunden

Feiern, Fasten und Fülle

Am Horselake ist *Spring dance* angesagt. Die unscheinbare Gemeindehalle von Lone Butte, dem Nachbarort, ist Tatort für den kommunalen Frühlingstanz. Keine Frage, wir müssen diesen Event miterleben. Tagsüber klettern die Temperaturen inzwischen über den Gefrierpunkt – Anlass, ein Kleid aus dem Koffer zu holen. Als Beate erfährt, dass der Frühlingstanz nicht nur *Spring dance*, sondern vor allem *Cowboy dance* ist, will sie unbedingt Cowboystiefel tragen. Doch diese sind neu gekauft ein Vermögen wert. Jody setzt alle Hebel des Buschfunkes in Bewegung und just am Abend davor treibt sie ein Paar wunderbar gearbeitete, schwarz-türkise Prachtstiefel für Beate auf. Dem Vergnügen steht jetzt auch kleidertechnisch nichts mehr im Wege. Nora darf leider nicht mit, wie immer, wenn in Britisch Columbia Alkohol an Erwachsene ausgeschenkt wird. Da gibt es strenge Gesetze. Kinder und Jugendliche sollen nicht dabei sein, wenn Erwachsene an der Bar trinken. Wir haben schon hitzige Diskussionen geführt, ob diese Regel sinnvoll ist. Bekanntlich ist das, was verboten ist, besonders reizvoll. Wäre es nicht besser, einen guten Umgang mit all den Dingen einzuüben, die man missbrauchen kann? Egal, wir werden die Regeln nicht ändern. Nora wird am Nachmittag zu einer Freundin gefahren und darf dort übernachten. So hat jeder etwas, worauf er sich an diesem Tag freut. Mit einigen Freunden, in Cowboystiefeln und die Männer mit Hut geht es zu unserem ersten *Cowboy dance*. Ernüchternd der Anblick, als wir die Halle betreten. Ringsum an den Wänden sind alte Tische mit Stühlen aufgestellt, in der Mitte eine riesige, leere Tanzfläche. Hinten ein Stand, an dem die freiwillige Feuerwehr Whisky und Wein in Plastikbechern oder Bier in Dosen verkauft. Helles Licht, das den schäbigen Bau auch nicht hübscher erscheinen lässt. Es fühlt sich an wie eine Zeitreise in unsere Jugend, in die Schuldisko mit all ihren anfänglichen Peinlichkeiten. Als jedoch plötzlich laute, rockige Musik einsetzt, dazu ein Lichtspektakel von einer kleinen Bühne mit Discjockey gesteuert, springen die Leute auf, als hätten sie tatsächlich ein Jahr lang auf diesen Moment gewartet. Unsere Freundin Jody ist ein wahres Feuerwerk auf der Tanzfläche. Das Stampfen und Rocken der Cowboystiefel ist fantastisch. Wir lassen uns mitreißen, tanzen und grölen die Lieder mit. Es ist egal, ob jemand mittanzt oder wie Kens fast achtzigjähriger Vater zufrieden mit einem Becher Scotch in der Hand dabeisitzt. Der Event bringt die Leute aus den

Häusern und in Bewegung. Später wird Essen aufgetischt, was der örtliche Lionsclub organisiert hat. Man tut sich und anderen Gutes verbunden mit einer Menge Spaß. Dem kann es nichts anhaben, als der Discjockey kurz nach Mitternacht die Schreckensbotschaft bringt, dass es draußen zehn Zentimeter Neuschnee gibt. Sie wird mit johlendem Beifall quittiert, hat doch hier noch jeder seine Winterreifen auf dem Pickup.

Das mitreißende Frühlingsspektakel beim *Cowboy dance* ist gold wert. Denn Bewegung, Begegnung und Begeisterung sind drei wertvolle Vitamin Bs. Auch an Vitamin D mangelt es uns nicht. Die Sonne lacht oft vom Himmel, allerdings will und will der Schnee nicht weichen. Er schmilzt, fällt erneut in dicken Flocken, überfriert, wird matschig und so weiter. Es ist langsam anstrengend und selbst die sonst so unbeschwerten Nachbarn sehnen sich nach dem Aufbruch des Sees und ersten Knospen an den Sträuchern. Doch davon sind wir noch weit entfernt. Olafs Training für den Vancouver Marathon, zu dem wir am 1. Mai fahren wollen, kommt nicht recht in die Gänge. Doch da gibt es noch eine weitere Art der Vorbereitung auf Marathon, Ostern und das Frühjahr, das Fasten.

Wie praktisch, wenn man Fasten als positive Körpererfahrung erlebt hat. Dies unterscheidet Beate und Olaf. Während Olaf ohne große Anstrengung seinen Körper auf »null« bzw. auf Ernährung von innen umstellen kann, kann Beate dem kompletten Verzicht nicht so viel abgewinnen. Olaf klinkt sich für eine komplette Woche aus dem gemeinsamen Essen aus und ernährt sich von Tee und Wasser. Für Beate steht das Fasten in diesem Jahr nicht im Vordergrund, sie möchte lieber fokussieren als verzichten. Sie will sich gezielt einer Sache widmen und dadurch auf viele andere verzichten. Sich ganz und gar auf eine Tätigkeit, auf eine Person, auf ein Gespräch zu konzentrieren, vertieft das Leben. Es ist in der Meditation als Achtsamkeit bekannt. Diese entsteht bei der Art unseres gegenwärtigen Lebensstiles oft von ganz allein. Inspiration kommt durch die viele Bewegung im Freien, durch

Bücher, Gespräche, den begrenzten Austausch mit anderen Menschen, durch Stille, Natur und auch über gezieltes Informieren per Computer. Wir sind immer wieder froh, dass unser kleiner Laptop störungsfrei und zuverlässig arbeitet. Er ist unsere Verbindung in die Welt »dort draußen«. Da ist es eher Luxus als Verzicht, so abgeschieden zu leben. Leben in Fülle, so beschreiben wir diese Tage. Sichtbar wird die Fülle unserer Möglichkeiten, als Olaf nach dem Fasten voller Entzücken in seinen ersten Apfel beißen kann. Im Anschluss verwirklicht er ein kleines Fotoexperiment. Der große Holztisch im Blockhaus wird gedeckt mit je sieben Tellern fürs Frühstück, Mittagessen und Abendessen. Die leeren Teller werden fotografiert. Dann kochen wir, tafeln auf, füllen die Teller Stück für Stück und halten alle Schritte mit der Kamera fest. Als der Tisch randvoll ist, sieht man, welche Menge Nahrung und Köstlichkeiten ein Mensch in sieben Tagen zu sich nimmt. Leben in Fülle! Diese Fülle wollen wir natürlich nicht allein aufessen, also haben wir Gäste eingeladen, die sich auf das leckere Essen freuen und unseren Spaß an diesem Experiment teilen.

Solche Aktionen helfen uns über den tatsächlichen Frust hinweg, der uns befällt, wenn unsere Familie in Deutschland schon seit Wochen vom Frühling schwärmt und am 3. April enthusiastisch berichtet: »Es sind 26 Grad hier, wir gehen Eis essen und haben den ersten Sonnenbrand.« Wir gönnen den anderen den Sommer im Frühling, doch es fällt uns mit jedem Tag etwas schwerer. Es sind fünf Grad, nachts minus sieben Grad und leichter Schneefall – Frühling sieht anders aus. Wir erinnern uns an die Empfehlung, ein Freudetagebuch zu schreiben. Also richten wir den Blick auf das, was erfreulich, erbaulich, ehrlich gut ist. Die Bücherei hat einen immensen Schatz an guter philosophischer Literatur, die wir mittlerweile auch einigermaßen gut lesen können. Folglich geht der Diskussionsstoff nicht aus. Wir kennen viele verschiedene Leute im Umkreis von fünfzig Kilometer, sodass wechselseitige, nette Einladungen das Ausbrechen des sogenannten *cabin fevers*, des Hüttenkollers beim Warten auf den Frühling, verhindern. Und immer noch will keine Behörde unseren Aufenthalt in Kanada verkürzen, wir sind geduldete Gäste.

Als wir am frühen Ostermorgen mit Ken, Jody, deren Kindern und ihren Freunden um das erste Feuer im Freien sitzen, gemeinsam schweigen, singen und frisches Brot teilen, kommt schließlich der Frühling. Es wird wärmer. Ach, ist das herrlich!

Den Horselake haben wir schon seit einigen Tagen nicht mehr betreten. Lautes Grollen zeugt davon, dass sich tiefe Risse im Eis gebildet haben und der See demnächst aufbrechen wird. An unserem letzten Abend am Horselake, dem 28. April, lässt der Loon erstmals sein klagendes Rufen ertönen. Der Winter ist vorbei.

Gewinn

»Your time is your life – be wise«

So glückt Leben

Frühling wohin das Auge schaut. Am Hafen von Vancouver können wir uns nicht satt sehen an zartrosa Blüten, tiefroten Tulpen, maigrünen Blättchen. Der Unterschied zwischen der Hochebene des Cariboo und dem relaxten Frühlingsleben hier ist umwerfend. Selten haben wir den prallen Frühling derart in uns aufgesogen. Hoch motiviert schwebt Olaf am nächsten Tag beim Stadt-Marathon förmlich über die Straßen. Der Applaus der bunten Menge spornt die Läufer an. Die fröhliche, unbeschwerte Stimmung steckt auch Beate und Nora an. Wir sind froh, den weiten Weg gefahren zu sein, und feiern den Frühling auf diese Art. Nach einem kurzen Abstecher an die Südküste von Vancouver Island, wo wir ein Stück des alten Küstenpfades wandern wollen, soll es wieder nordwärts gehen. Wie mit Fran besprochen, werden wir den Mai in Wells verbringen, worauf wir uns schon alle freuen – egal ob mit oder ohne Schnee.

Das sagt sich leicht in der Frühlingswärme am Strand. Als wir am 8. Mai tatsächlich bei Schneefall und scheußlichem Wetter in Wells ankommen, müssen wir uns auf unseren Humor besinnen. Es gibt nur einen Weg: annehmen, was ist, und das Beste daraus machen. Oder wie die Kanadier sagen: »So what, bring on the next challenge! – Was soll's? Wo ist die nächste Hürde?«

In Gummistiefeln wateten wir durch schmutzigen Schneematsch zur Verwaltung des Barkerville Museumsdorfes. Wenn wir nun einen ganzen Monat in Wells wohnen, dann wollen wir oft ins historische Nachbarörtchen gehen und es wäre ein Vermögen, jedes Mal den regulären Eintritt zu zahlen. Für Ortsansässige, sogenannte *locals*, gibt es andere Konditionen. *Locals* sind wir zwar nicht ganz, aber wir lassen uns als *Friends of Barkerville* eintragen und bekommen einen Besuchspass, der uns ungehinderten Eintritt ins Museumsdorf ermöglicht. Im Herzen sind wir *Locals*, als wir mit unseren Cowboyhüten auf dem Kopf die kleine Hauptstraße hinaufschlendern und der Bäckerei einen ersten Besuch abstatten. Die Saison hat inzwischen begonnen. Zwischen Schneebergen und matschigen Pfützen suchen sich einzelne Touristen ihren Weg zu den historischen Häusern.

Das schlechte Wetter gibt uns die Chance, inhaltlich zu arbeiten und Artikel für die Stuttgarter Zeitung und sogar für die deutsche Zeitung im Cariboo zu verfassen, Pläne zu konkretisieren, wie wir uns nach unserer Rückkehr nach Deutschland als freiberufliche Redner, Autoren und Coaches positionieren wollen. Wir diskutieren unsere Überzeugungen. Uns trägt durch die letzten Monate hindurch die Erfahrung, dass Leben bei allem *shit*, den es gibt, gut ist. Es läuft nicht immer einfach, aber es ist einfach gut. Wenn wir Schritt für Schritt denken und diese Schritte umsetzen, dann können auch große Pläne wahr werden. Fokussiert man nur das Endziel, dann reicht die Kraft oft nicht aus. Noch sind wir auf der Suche, wo unser Platz in Zukunft sein wird. Wo ist diese Kreuzung, an der sich unser Können, unsere Begeisterung mit dem treffen, was die Welt am nötigsten braucht? Welche Tätigkeit macht Sinn und kann uns wirtschaftlich tragen? Glück ist eine Wahlmöglichkeit, sagt Regina Brett, deren »50 Lessons for Life's little Detours« Beate inspirieren. Das Leben macht tatsächlich Umwege, so ist unsere Erfahrung. Doch diese Umwege gehören dazu. Man kann sie nutzen und einbauen. Glück ist selbst mit Geld nicht unbegrenzt zu steigern. Wenn die finanzielle Basis stimmt, dann ist es wertvoller für das eigene Leben, Zeit statt Geld zu wählen. Uns gefällt der Gedanke, dass Glück bedeutet, das zu wollen, was man hat. Damit ist tiefe Zufriedenheit und Wertschätzung des eigenen Lebens gemeint. Dieser Art von Lebensglück begegnen wir in vielen Menschen in der jetzigen Nachbarschaft. Man sieht ihnen an, dass sie ihre Arbeit gern machen, dass sie wissen, wann genug gearbeitet ist und wann man einfach mit einer Tasse Tee oder Kaffee auf den Stufen vor dem Haus sitzt, um die Adler am Himmel zu beobachten. Gut, dass die Stille, die fehlenden äußeren Ablenkungen und die tägliche Begegnung mit den Härten und Erfolgen der Goldsucher uns den passenden Rahmen für unsere innere Neuausrichtung liefert. Wir brauchen keinen Landeplatz, sondern den Aufwind der Adler, wenn wir Mitte August zurück nach Deutschland kommen. Eigentlich wollen wir auch nicht zurück, sondern eher vorwärts nach Deutschland gehen.

Nora denkt noch nicht im Entferntesten an Deutschland. Sie ist jetzt der absolute Glückspilz in unserer Familie. Sie kann im Dorf mit anderen Kindern spielen, ohne auf die elterlichen Fahrdienste angewiesen zu sein. Mit ihrer herzlichen Art hat sie sich auch unter den Erwachsenen Freunde gemacht, die ihr viel zurückgeben. Sie bekommt Zeichenkarton geschenkt und zieht nun fast jeden Nachmittag malend durch den Ort. Die originellen farbigen Häuser werden zu Papier gebracht, ein Bilderschatz, der garantiert mit nach Deutschland genommen wird. Außerdem wird ihr großen Traum wahr, in Barkerville richtig mitzuwirken. Eines Tages kommt sie hüpfend heim: »Ich bekomme ein Kleid, ein echtes altes Kleid wie damals bei den Goldgräbern.« Eine wunderbare Dame, die in Wells wohnt, im Sommer aber in Barkerville stilvoll als Mrs. Wendl in einem historischen Haus lebt und arbeitet, hat Nora eingeladen, sie zu begleiten. Im bodenlangen Kleid, den Kopf anständig mit rosafarbener Haube bedeckt, wandelt Nora schnurstracks ins 19. Jahrhundert. Sie lernt von Mrs. Wendl, wie man als junge Dame züchtig auftritt, fleißig im Haus tätig ist und würdevoll Besuch begrüßt. Nora liebt dieses Spiel und wird zum beliebten

Fotoobjekt der Touristen, denen nicht auffällt, dass dieses englisch plaudernde Mädchen nicht von hier stammen könnte. Mit Hingabe reibt sie Muskatnuss wie vor hundert Jahren, mahlt Frau Wendls Kaffeebohnen von Hand und holt Wasser im Fluss. Zur Belohnung gibt es frisch gebackenes Pfannenbrot oder auch mal einen geselligen Spaziergang in den *General Store*, um an der Seite ihrer Mrs. Wendl einkaufen zu gehen. Ihre leuchtenden Augen blinzeln uns zu, als wir den beiden hinterherschauen. Wir sitzen, eine Tasse Kaffee in der Hand, auf den Holzbänken vor der Bäckerei und fachsimpeln mit dem Kutscher, dessen schwere Pferde leise schnaubend auf Gäste warten. Wir haben es erlebt, auch ohne bestes Wetter kann Leben glücken.

Gold des Lebens

Am 15. Mai ist endlich der erste richtige Sommertag in Wells. Sonnig beginnt er mit drei Grad am Morgen. Als die Temperaturen am Nachmittag auf 19 Grad klettern, sitzen wir schwitzend in kurzen Hosen auf der Terrasse. Gefühlte dreißig Grad machen dem Kreislauf zu schaffen, aber niemand beschwert sich. Die Menschen sitzen vor den Häusern, man grüßt sich überschwänglich. Für die Kinder des Ortes gibt es heute Eis umsonst. Die Sonne lässt das erste frische Gras hervorsprießen. Als hätten sie nur darauf gewartet, tauchen aus den bewaldeten Bergen die wintermageren Bären auf. Wie Kühe laben sie sich an den zarten grünen Pflänzchen und bringen damit nach der langen Futterpause des Winters ihren Magen-Darm-Trakt wieder in Schwung. Die schwarzen Haufen mit Bärenkot warnen uns. Wir halten also Abstand, wollen den pelzigen Gesellen nicht zu nahe kommen. Doch im Dorf häufen sich die Zwischenfälle. Noras Freundin kommt eines Morgens sehr erbost und berichtet, dass ein Bär im Hühnerstall eingestiegen sei und sieben der elf Hühner gefressen habe. Ist der Bär erst einmal im Stall neben dem Haus eingebrochen, so ist der Weg in die menschliche Hütte auch keine Hürde mehr. Achtsamkeit ist geboten.

Da der Schnee mittlerweile deutlich geschmolzen ist, wollen wir dem bisher unzugänglichen alten Friedhof von Barkerville einen Besuch abstatten. Er liegt außerhalb des Ortes an einem bewaldeten Hang. Es ist ein Ort, an dem man sieht, dass der Goldrausch nur für wenige Menschen Glück, für viele dagegen immense Strapazen, Enttäuschungen und viel Leid mit sich brachte. Das Durchschnittsalter der Männer und der wenigen Frauen, die hier in der Zeit des Goldrausches beerdigt wurden, liegt bei 31 Jahren. »End of the trail«, lesen wir auf manchen der verwitterten Holzkreuze. Spannend, die Namen und Herkunft der früh gestorbenen Glücksucher zu entziffern. Als wir gerade gemeinsam vor einem der alten Grabsteine stehen, erhebt sich, einem Phantom gleich, nur zehn Meter entfernt hinter einem anderen Grab plötzlich ein großer, schwarzer Bär und schaut uns ausdruckslos an. Wir vermeiden den Augenkontakt, versuchen trotz des Schrecks, der natürlich aufkommt, entspannt zu bleiben. Wie sagt der Pferdeflüsterer Ken so schön, deenergetisieren, dem Tier seinen Raum geben. Also reden wir mit gedämpften Stimmen weiter, versuchen, uns die innere Aufregung äußerlich nicht anmerken zu lassen. Dies wirkt offensichtlich. Der Bär schwenkt seinen massigen Kopf, dreht sich um und verschwindet langsam über den Friedhof in den angrenzenden Wald. Wir atmen auf. Ging doch ganz gut. Eine makabre Vorstellung, schon auf dem Friedhof zu sein, wenn der Bär angreift ...

Als wir am Nachmittag wieder nach Hause kommen, berichten die Nachbarn, gerade habe ein Bär unser Haus umrundet und sei durch den Garten hindurch zum Fußballplatz des Ortes getappt. Von der Terrasse aus sehen wir ihn tatsächlich keine zweihundert Meter weiter im Baum sitzen. Das Polizeiauto steht unweit davon und die beiden Beamten versuchen, den noch jungen Bären mit Gummigeschossen vom Baum und in die Flucht zu treiben. Vertreiben geht vor erschießen, doch wenn ein Bär hartnäckig in der Ortschaft bleibt und sich nicht in die Berge zurückzieht, geht die Sicherheit der Zweibeiner vor und das Tier wird erschossen. Grundsätzlich leben die Menschen in Wells gelassen mit der bärenstarken Nachbarschaft. Was anderswo riesige Aufregung verursachen würde, gehört hier zum Alltag. Die Menschen haben gelernt, sich mit der Natur zu arrangieren und den Tieren mit Respekt zu begegnen.

Die außergewöhnlich große Anzahl der Bären ist in diesem Jahr eine Herausforderung für die Organisatoren des jährlich im Mai stattfindenden »Gold Rush Relay«, ein 106 Kilometer langer Straßenlauf entlang des legendären Goldrush-Trails von Quesnel nach Barkerville. Jody und Ken haben gemeinsam mit ihren Kindern und einigen Freunden schon öfter am Lauf teilgenommen. Sie haben Olaf überzeugt, Teil ihrer Läuferstaffel zu werden. Beate und Nora fahren als Begleitfahrzeug langsam hinter den Läufern her, sind zuständig für Getränke, Bananen und aufmunternde Worte. Jedes Team sorgt selbst für seine Begleitung. Das Rennen hat nichts von verbissenem Wettkampf an sich. Bewegung, Spaß und Gemeinschaft stehen im Vordergrund. Manche Teams sind originell kostümiert. Glitzernde goldene Lauftops und sexy Miniröcke interpretieren den Goldrausch auf neue Weise. Andere bleiben dem historischen Stil treu und laufen mit Cowboyhut. Alle sind begeistert bei der Sache und dieser Begeisterung können auch die Bären, die die Straßenböschung nach Gras absuchen, nichts anhaben. Die Rennleitung hat eine Sonderregel für die Läufer erlassen: Wer sich von einem Bären bedroht fühlt, der soll in ein Begleitfahrzeug steigen, am Tier vorbeifahren und mit entsprechendem Abstand weiter laufen. Es ist lediglich verboten, mit dem Auto einen anderen Läufer zu überholen. Später stellt sich heraus, dass niemand von der Regel Gebrauch machen musste. Die Bären haben wohl gespürt, dass ein Volksfest auf dem Highway stattfand und ihre Futtersuche auf die Abendstunden verlegt. Nach zehn Stunden läuft der letzte unserer acht Staffelläufer unter großem Applaus im Ziel ein und so können wir gemeinsam zum abendlichen Festessen ins Gemeindehaus von Wells gehen. An langen Tischen sitzen die Teams, feiern lautstark und fiebern der Verlosung des haselnussgroßen Nuggets entgegen, der, wie es sich für einen *Goldrush run* gehört, unter den knapp zweihundert Teilnehmern als Preis verlost wird. Leider, leider ist Olaf nicht der Gewinner. Also müssen wir uns auf althergebrachte Weise auf die Suche machen, wenn wir einen Nugget mit nach Hause nehmen wollen. In Barkerville kaufen wir eine Goldpfanne, lassen uns von einem der alten Profis erklären, wie man den *Goldgravel* genannten Kies aus dem Flussbett waschen muss und versuchen unser Glück. Einer der bärtigen Goldminer schaut uns eine Weile zu. »Don't forget the smile«, sagte er dann und grinst uns mit seiner Zahnlücke vergnügt an. Dabei sind wir gerade hochkonzentriert, versuchen den richtigen Rhythmus zu finden, mit dem man Wasser schöpft, die blecherne Goldpfanne schwenkt, spült und den feinen Goldsand aus dem Schlick herausfiltert. Wenn das so einfach wäre! Wir versuchen, den gleichmäßigen Schwung nachzuahmen, das richtige Gefühl für Wasser und Steine zu bekommen. Dabei entspannt zu lächeln, das fällt schwer. »Erst das Lächeln macht die Arbeit wertvoll«, sagt der bärtige Alte und wir verstehen auf einmal, dass er soeben eine grandiose Wahrheit ausgesprochen hat. Konzentriert bei der Sache sein, den Rhythmus von Tun und Ruhn beachten, sich selbst weniger wichtig nehmen und dabei (zumindest innerlich) zu lächeln, bringt eine Leichtigkeit ins Handeln, die schließlich das Gelingen ermöglicht. Wie oft mühen wir uns krampfhaft und ringen zäh um Erfolg. Das Lächeln über der Arbeit nicht zu vergessen heißt für uns, das Leben als Einheit von Arbeit und Leben zu sehen. Nicht zwischen *work* und *life* hin und her zu springen, sondern sie in ein gutes Miteinander, in ein passendes Ganzes zu bringen. Dies mit Leichtigkeit, mit Lächeln und entspannter Freude zu tun, wird unser künftiges Ziel sein.

Wir haben zwar keinen Nugget gefunden, aber viel gelernt. Dafür sind wir den Menschen hier dankbar. Deshalb dauert es auch über zwei Stunden, bis wir uns an unserem letzen Tag in Barkerville in all den kleinen Läden, beim Kutscher, beim Schmied, bei Mrs. Wendl und im *General Store* verabschiedet haben. Wir gehen nicht nur mit vollem Herzen, sondern auch mit vollen Händen. Von Mrs. Wendl bekommt Nora eine alte Muskatreibe geschenkt, denkwürdiges Erinnerungsstück an ihre Zeit als Miss Nora. Im *General Store* dürfen wir uns als Wegzehrung noch leckere Schokolade aussuchen und im Royal Theater übergibt uns das Ensemble eine Rarität. Wir bekommen eine CD mit unserem Lieblingslied »Cariboo – Country of Gold« für unsere künftigen Vorträge in Deutschland geschenkt. Das Theaterteam hat extra für uns eine Aufnahme von diesem Lied gemacht und auf CD gebrannt. Es ist ein Unikat – genauso wie die Zeit, die wir hier verbringen durften. Ein Monat ist für uns wie im Flug vergangen, doch er ist nicht spurlos geblieben. Wir nehmen einen Schatz an Erfahrungen mit, der Gold wert ist.

Aufwind statt Aufwand

Auf unserem Weg nach Süden stoppen wir in Quesnel, der nächstgelegenen kleinen Stadt. Dort ist es merklich wärmer als in Barkerville und so genießen wir es, in einem der seltenen Straßencafés zu sitzen. Als die Bedienung lautstark »Biattie« ruft und damit das für Kanadier unaussprechliche »Beate« meint, spricht uns eine unbekannte, sympathische Frau an. Sie fragt uns, ob sie eben den Namen Beate gehört hätte. Demnach kämen wir sicher aus Deutschland, ihrer alten Heimat. Sie würde genauso heißen und jedes Mal lachen, wenn die Kanadier ihre Mühe mit dem komplizierten Namen haben. Wie sich herausstellt, lebt die andere Beate mit ihrem Mann schon seit zwanzig Jahren in Kanada. In Quesnel haben sie eine gut gehende Physiotherapie-Praxis und ein wunderschönes Zuhause außerhalb der Stadt. Beate und ihr Mann Dieter sind nette Gesprächspartner, mit denen wir uns gerne länger unterhalten hätten. Doch wir sind auf der Fahrt zum Sheridan Lake, wo unsere Freunde Ken und Jody bereits auf uns warten. Als wir uns von den Zufallsbekannten verabschieden, laden diese uns ein, in zwei Wochen nochmals nach Quesnel zu kommen und bei ihrem Hangarfest dabei zu sein. Dieter ist begeisterter Hobbypilot. Einmal im Jahr wird das Flugzeug auf der Wiese geparkt, der Hangar zur Partyhalle umfunktioniert und ein beinahe legendäres Fest gefeiert. Viele Auswanderer verwirklichen in der Weite Kanadas ihren Traum vom Fliegen. Manch einer hat so viel eigenes Gelände, dass er die Flugpiste auf der heimischen Ranch anlegen kann. Beate und ihr Mann schwärmen von ihrem Hangarfest, einem Magnet für Menschen mit der Leidenschaft fürs Fliegen. Außerdem versprechen sie uns viele interessante Leute, die wir dort kennenlernen würden. Wir können natürlich auch ohne Flugzeug kommen. Statt des Pilotenscheins sollen wir ein Zelt zum Übernachten mitbringen. Spontan sagen wir zu, tauschen noch unsere E-Mail-Adressen aus, lassen uns den Weg kurz skizzieren und setzen dann unsere Reise fort.

Vier Stunden später rumpeln wir auf das Gelände der Ranch bei Ken und Jody und sehen zu unserem Erstaunen im Abendlicht ein wunderschönes Tipi auf der Wiese stehen. Wie sich herausstellt, ist es eine nachträgliche Geburtstagsüberraschung für Beate. Sie hatte bei einem unserer abendlichen Gespräche am Lagerfeuer erzählt, dass sie irgendwann unbedingt in einem richtigen Tipi übernachten will. Hier steht es! Wir sind alle drei begeistert. Noch am gleichen Abend sitzen wir mit den Freunden im Zelt am Feuer, dessen kleine Flammen zitternde Schatten an die weißen Leinwände werfen, und essen Geburtstagskuchen.

Das alte Trapperhaus, was wir nun beziehen, ist nicht für drei Personen mitsamt ihrem ganzen Hab und Gut ausgelegt. Oder anders gesagt: Die alten Trapper hatten nicht so ein umfangreiches Gepäck wie wir. Da ging es deutlich einfacher zu! Jeder neue Umzug macht uns deutlich, wie viel materiellen Besitz wir haben. Da gibt es mehrere Paar Schuhe für jeden, diverse Jacken, Kleidung in Fülle, Spiele, Bücher, Ordner, Unterlagen, Schlafsäcke, Isomatten, Computer, Kerzen, einige Gläser und Tassen, Schleichtiere und gebastelte Schätze, Treibholz und Wurzeln, die viele Erinnerungen in sich tragen, und nicht zu vergessen einen großen Hund mit einer riesigen Flugbox, die ihm als Hundehütte dient. Kurzum, das rustikale kleine Blockhaus sieht mehr als vollgestopft aus und das macht es nicht gemütlicher. Für uns ändert sich mal wieder das Zuhause. Jetzt heißt es, auf das Trockenklo im Wald zu gehen und sich mit kaltem Wasser am Küchenwasserhahn zu waschen. Ein kleiner Elektroherd mit zwei Platten dient als Küche. Wohnzimmer, Spielzimmer, Arbeitsraum, Bad und Küche ist ein einziger Raum. Zum Glück hat unsere eingeschworene Sabbaticalfamilie damit kein Problem. Es ist natürlich eine Umstellung nach dem fast europäischen Standard im Holzhaus in Wells. Doch wir sind froh, eine preiswerte Bleibe in der sonst so teuren Hochsaison gefunden zu haben. Außerdem liegt die Hütte nur wenige Meter entfernt vom Sheridan Lake, einem schönen, großen See und wir dürfen die Kanus ebenso wie einen wunderbaren Badesteg mitbenutzen. In unserer Fantasie haben wir uns das Leben hier mit morgendlichem Bad im See und abendlichen Lagerfeuern vorgestellt. Dass es leider vorerst nicht dazu kommt, liegt nicht an unseren Gastgebern, sondern am Wetter, was untypisch kalt und regnerisch wird. Es ist sogar so ungemütlich, dass Olaf auf bewährte Art morgens ein Feuer im Ofen machen muss, damit die Frauen Lust haben, das kuschelige Bett zu verlassen. Die Feuchtigkeit führt zu vielen Mücken und unangenehmen kleinen Plagegeistern, den *Black flies*, die uns davon abhalten, im Tipi zu schlafen. Wir sind leider nicht so unempfindlich wie die wahren Cowboys und froh, den angreifenden Blutsaugern in die Hütte zu entkommen.

Zwei Wochen später steht das Auto erneut gepackt vor der Blockhaustür. Wir brechen auf zum Hangarfest von Beate und Dieter. Von dort aus werden wir am nächsten Tag zum Bowron Lakes Provinzpark weiterfahren, wo wir Ken und dessen Sohn Jim treffen. Sie wollen uns auf einem Teil der geplanten Kanutour begleiten. Aruna muss zum letzten Mal (das ist unser inneres Ehrenwort an den treuen Hund) in die Hundepension, da Tiere im Gebiet der Provinzparks nicht erlaubt sind. Die Kanutour werden wir ohne sie machen.

An die großen Entfernungen haben wir uns längst gewöhnt. Es macht uns nichts mehr aus, denn die Art des Fahrens ist eine wesentlich entspanntere als in Deutschland. Wir kennen unsere Coffee-Stopps unterwegs, machen mitunter auch kleine Abstecher zu Aussichtspunkten und rollen ansonsten gemächlich mit 100 Kilometern pro Stunde bei guter Musik gen Norden. Die deutlich häufiger auftauchenden Wohnmobile zeigen an, dass jetzt sommerliche Hochsaison in Kanada ist. Wir versuchen, uns etwas abseits der Touristenströme zu halten, doch dies ist nicht immer möglich. Im Café Chartreuse Moose in 100 Mile House gibt es nur noch limitierte Zeit, um im Internet zu surfen. Die Schlangen vor dem Tresen sind lang und wir vermissen die entspannte Gesprächskultur, die wir über viele Monate hin erleben konnten. Jetzt ist *rush hour*, Zeit, um Geld zu machen.

Auf dem Hangarfest werden wir begrüßt wie Alteingesessene. In der leeren Flugzeughalle ist ein riesiges Buffet aufgebaut, zu dem jeder Gast beigetragen hat. Die Nachbarn stehen am Grill und wenden gekonnt Lachs und Steaks. Dafür haben die Gastgeber die Muse, Gäste zu begrüßen und miteinander bekannt zu machen. Natürlich stehen etliche von ihnen um die draußen geparkte wunderschöne Cessna herum. Dieses Mal sind nicht nur wir, sondern die meisten Gäste leider nicht mit zwei Flügeln, sondern auf vier Rädern angereist. Das Wetter war zu schlecht. Umso schöner, dass es sich an diesem Abend besinnt und uns eine sternenklare, trockene Nacht zum Zelten beschert. Die Gäste sind locker, man kommt sofort ins Gespräch und wir merken, dass sich kanadische Nachbarn und solche mit einem europäischen Einwanderungshintergrund wunderbar vermischt haben. Beate und ihr Mann haben offensichtlich ein breites Netzwerk von netten Leuten. Wie immer machen bei Bier, Wein und einem knisternden Feuer urige Geschichten die Runde. Als sich die kanadischen Kanadier wie üblich nicht allzu spät am Abend verabschieden, geht die Party für die europäisch-eingewanderten Kanadier erst richtig los. Aufgrund der einsamen Lage der Ranch werden die beachtlichen Boxen genutzt und wir tanzen bis in die frühen Morgenstunden. Was haben wir früher für einen Aufwand betrieben, um irgendwie aus der Touri-Ecke heraus und an die Einheimischen heranzukommen! Wie gerne hätten wir einmal ein privates Blockhaus von innen gesehen. Jetzt brauchen wir keinen Aufwand mehr zu betreiben. Wir kennen inzwischen so viele Leute und einer reicht uns an den nächsten weiter. Es ist, als würde uns ein Aufwind in dieser Hinsicht tragen. Auf dem Fest begegnen wir auch zwei ganz besonderen Originalen. Elke und Ingolf, ein bereits pensioniertes, deutsches Paar, lebt weitgehend autark am nördlichen Peace River Reservoir, einem riesigen Stausee in den Rocky Mountains. Sie haben sich ihren Traum vom einsamen Leben Schritt für Schritt wahr gemacht. Als wir von unserem Aufenthalt in Wells erzählen, lachen sie. Das sei doch keine Einsamkeit. Ihr nächster Nachbar ist siebzig Kilometer und die nächste Einkaufsmöglichkeit in Mackenzie einhundert Kilometer – wohlgemerkt auf Schotterpiste – entfernt. Als sie hören, dass wir noch nie so weit im Norden und so weit außerhalb der Zivilisation gewohnt haben, laden sie uns herzlich ein. Eigentlich haben wir keine Zeit dafür. Gleichzeitig hört sich das absurd an. Keine Zeit? Hatten wir nicht einmal ein Meer von Zeit? Sind wir nicht im Sabbatjahr, wo wir über unsere Zeit frei verfügen können? Irgendwie scheint sich das zu widersprechen. Wir müssen uns entscheiden – Ruhe am Sheridan Lake oder ein straffer Plan für Erlebnisse in der nördlichen Weite, die wir sonst nicht gleich wieder haben werden. Wir wählen die Erlebnisse, Ruhe gab es in den zurückliegenden Monaten genug. Elke und Ingolf geben uns ihre E-Mail-Adresse. Man kann sie in dieser menschenleeren Wildnis nicht mehr telefonisch, wohl aber über Satellit und Internet kontaktieren. Aha! Es macht uns jetzt schon neugierig, wie sich so ein Lebensentwurf ganz praktisch anfühlt. Zunächst aber brechen wir etwas verkatert, mit kleinen Augen und großer Freude auf ins Abenteuer Kanutour. Ein herzlicher Abschied von diesen großartigen Leuten und unseren Gastgebern, dann geht es zu den Bowron Lakes.

Beate ist nervös, kontrolliert zum wiederholten Mal die wasserdichten Packsäcke und deren Inhalt, schaut zum Himmel, ob das Wetter beständig bleibt oder ob kräuselnde Wellen auf dem See Windböen ankündigen. Von Aufwind keine Spur, sie betreibt heute Aufwand für unseren Start mit dem Kanu. Kein Wunder, denn diese Tour ist nicht nur eine äußere, sondern vor allem eine mentale, eine innere Herausforderung für sie. Vor mehr als zehn Jahren endete eine unserer Kanutouren im nördlichen Schweden sehr einprägsam für Beate. Ein Wirbel im Rücken blockierte so schlagartig und schmerzhaft, dass schließlich ein ADAC Ambulanzflugzeug kommen musste, um Beate nach Deutschland zu transportieren. Der Schock, seinem Körper nicht mehr vertrauen zu können und so unerwartet komplett lahm gelegt zu sein, dazu die enormen Schmerzen, hinterließen traumatische Spuren. Das Thema Urlaub in der Wildnis war viele Jahre tabu. Sicherheit ging vor. Mit regelmäßiger Gymnastik, enormer Disziplin und einer »Notfallpackung« bestehend aus Stützkorsett für den Rücken und Schmerztabletten, die uns fortan auf den Reisen begleitet, hat sich Beate langsam wieder ihren Aktionsfreiraum zurückerobert. Konsequent hat sie auch in den zurückliegenden Monaten alle zwei bis drei Tage die Isomatte aufgerollt und Pilatesübungen als Basistraining für einen schmerzfreien Rücken gemacht. Schon vor unserer Reise hat sie auf diese Weise Olaf davon überzeugt, dass auch ein Mann von dem weiblich dominierten Gymnastikprogramm profitieren kann. Gemeinsam haben wir seit zwei Jahren eine Pilatesgruppe im Fitnesscenter besucht. Mittlerweile sind die Übungen in Fleisch und Blut bzw. Bauch und Rücken übergegangen. Eine Investition in den Körper, die sich längst ausgezahlt hat. Die Tour auf den Bowron Lakes ist bisher das weitgehendste Wagnis. Wir werden keinen Telefonkontakt mehr haben. Auch wenn die Bowron Lakes keine unendliche Wildnis, sondern ein Provinzpark mit patrouillierenden Rangern sind, ist man dort zuerst auf sich, eine gute körperliche Verfassung und auf seine gute Ausrüstung angewiesen. Wir werden es umgehen müssen, dass Beate schweres Material trägt. Da wird es spannend, die Land-Portagen zwischen den einzelnen Seen zu bewältigen. Hier muss das Kanu aus dem Wasser heraus und auf einen kleinen Wagen gehoben werden. Wir sind richtig froh, dass Ken und Jim auf dem ersten Teil der Strecke mit ihren Kajaks dabei sind. Endlich ist alles verpackt und wir stecken in den obligatorischen Schwimmwesten. Wir haben alles dabei, was man für eine mehrtägige Kanutour braucht: Essen, Medikamente, Schlafsäcke, Isomatten, Zelt und *Afterbite*, das unverzichtbare Mittel gegen Insektenstiche. In der Parkverwaltung haben wir uns angemeldet, auch wenn man für die kürzere Westseite des Seengebietes keine Genehmigung braucht. Die Zahl der Kanus auf dem Seengebiet wird von der Parkverwaltung reglementiert, um eine Fülle von Menschen und damit eine Störung der weitgehend unberührten Natur und Wildnis zu vermeiden. Wir werden ungefähr sechzig Kilometer zurücklegen. Das Wetter sieht gut aus. Wie es scheint, haben wir die erste Schönwetterperiode in diesem regenreichen Sommer erwischt. Also starten wir und nach zwei Stunden hat Beate ihre Anspannung förmlich weggepaddelt. Die körperliche Anstrengung tut gut, das Selbstvertrauen wächst, wir finden in einen Rhythmus und genießen die einzigartige Stille. Der Bowron Lake, den wir als ersten von sechs Seen befahren, schimmert dunkelblau. An seinem Ende weitet sich die Aussicht auf schneebedeckte Berge und das grün schimmernde Schilfdelta des Bowron River, der uns mit seinen Mäandern in den nächsten See überleitet. Fast andächtig beobachten wir vom still gleitenden Kanu aus eine Elchkuh, die mit ihrem Kalb im hellgrünen Uferschilf nach Futter sucht. Das Kleine sieht so staksig aus, dass man sich wundert, wie es seinen Körper auf den langen Beinen balancieren kann. Als wir nur noch zwanzig Meter vom Kalb entfernt sind, werden Nora und Beate unruhig. Sie plädieren für eine andere Streckenführung. Mit so einer Elchkuh ist nicht zu spaßen. Fühlt sie sich oder ihr Junges bedroht, wird das knapp zwei Meter hohe, schwere Tier zu einem alles zertrampelnden Muttertier. Auf diese Hufe legen wir keinen Wert und ziehen uns leise zurück. Über uns kreisen drei Adler. Es sind *Bald Eagle*, die sich mit ihren weißen Köpfen und Schwanzfedern vom Blau des Himmels wunderschön abheben. Aufwind – nicht Aufwand, das ist die Botschaft, die wir in dem mühelos aussehenden Fliegen der faszinierenden Tiere sehen. Wir fragen uns, woraus die Thermik besteht, die uns im Leben Aufwind gibt. Wie erkenne ich diese, um sie schließlich zu nutzen? Wir kennen Menschen, die uns beflügeln. Außerdem spielt bei uns das Wohnumfeld eine Rolle. Glücklich fühlen wir uns bei einer Arbeit, die uns fordert, aber nicht über- oder unterfordert. Viele Menschen wissen um solche Wahrheiten, nur manche setzen sie gezielt für sich um. Wir wollen erkennen, was uns stark macht, auch dafür haben wir uns in diesem Sabbatjahr Zeit genommen. Auf dieser anstrengenden Tour kommen wir einigen Antworten näher. Wir erkennen, dass unsere Gedanken eine enorme Kraft in sich tragen. Gedanken werden Worte, Taten, Charakter und schließlich dein Leben. Deshalb ist es wichtig, dass wir uns auf gute Worte und stark machende Gedanken konzentrieren. Nicht das Negative wegdiskutieren, sondern das Gute verstärkt wahrnehmen – diese Möglichkeit steht jedem Menschen zu jeder Zeit offen. Von den Kanadiern haben wir gelernt, dass die bei uns geläufige Redewendung »Eigenlob stinkt« die eigene Wertschätzung blockiert. Zwischen einem unangenehmen Selbstdarsteller und einem selbstbewussten Menschen, der seine Stärken kennt, besteht eine große Differenz. Es ist die Wirkung, die beide unterscheidet. Bei etlichen unserer neuen Freunde haben wir gesehen, dass sie sich und ihre Kinder ermutigen: »Yes, you can! You are great. You will make it! – Du schaffst das! Du bist klasse! Es wird dir gelingen!« Vertrauen und Liebe für die eigene Person sind ein Schlüssel zu gelingenden Bezie-

hungen, zu erfolgreicher beruflicher Tätigkeit, zu einem erfüllten Leben. Wir können nur etwas bewirken, wenn wir bei uns selbst anfangen. Und so haben wir angefangen – mit dem Ja zur Auszeit, mit dem Mut zu dieser Kanutour, mit der Offenheit für all das Neue. Diese Erfahrungen stärken unser Selbstvertrauen.

In einer kleinen Schutzhütte haben wir handgeschnitzte Miniatur-Holzpaddel bewundert, die unzählige Kanuten als originellen »Fußabdruck« an die Wände genagelt haben. In eines der Paddel ist eingeschnitzt: Pat Willams, age 80, 6 times on Bowron (Alter 80, zum sechsten Mal auf dem Bowron Zirkel unterwegs). Wir verneigen uns aufrichtig vor der sportlichen Outdoorseniorin. Gerne hätten wir die alte Dame persönlich kennengelernt. »Der Bowron hat etwas Magisches, es ist eine kraftvolle Gegend, in der du zu dir selbst findest und die dich immer wieder anzieht«, hatte eine Bekannte in Wells schon vor unserer Tour zu uns gesagt. Pat würde diese Aussage mit Sicherheit bestätigen.

Mit Ken und Jim paddeln wir noch gemeinsam bis zum Unna-Lake, dem Wendepunkt unserer Tour. Fasziniert beobachten wir das stürzende Wasser der Cariboo Falls und verstehen Kens spaßige Warnung, man sollte sein Paddel gut in der Hand behalten, wenn man im Fluss oberhalb der Falls zum Unna-Lake paddelt. Nora ist schwer beeindruckt. Jetzt macht sie sich wirklich Sorgen, dass uns die Strömung auf dem Fluss am nächsten Tag vom Kurs ab- und zu den Falls hintreiben könnte. Doch wir drei sind ein starkes Team, wissen die Paddel gut zu gebrauchen und die Strömung ist so moderat, dass alles kein Problem darstellt. So können wir uns entspannt von den Freunden verabschieden, die leider zurück zur Arbeit müssen.

Wir haben Zeit und fühlen uns königlich reich dadurch. Im blassblauen, kalten Gletscherwasser ist das Baden eine angenehme Erfrischung. Es ist Mittsommer, der längste Tag des Jahres, den wir in absoluter Einsamkeit als Familie am Ufer des Unna-Sees verbringen. Blauer Himmel, Schönwetterwölkchen und ein kräftiger Rückenwind machend die Rückreise am nächsten Tag zum Genuss. Etwas mulmig ist es uns, als in einiger Entfernung ein größeres Tier im Unterholz verschwindet. Ob das der aufdringliche Bär ist, vor dem uns die Ranger beim Start gewarnt haben? Was, wenn er uns ausgerechnet jetzt beim Umladen von Gepäck und Kanu auf den Portagewagen in die Quere kommt? Weil uns die Mücken an Land fast auffressen, ist sowieso Eile angesagt. Im Schnellzugtempo wird das Kanu auf den Wagen geschnallt und nahezu im Dauerlauf bewältigen wir den schmalen Waldpfad. Beate will ganz sicher gehen und singt lautstark dazu. Wo sie die Puste dafür hernimmt, bleibt ein Rätsel. Entweder war sowieso kein Bär in der Nähe oder das Lied war ihm tatsächlich ein Gräuel. Unbehelligt steigen wir nach der Landpassage wieder ins Kanu und lassen die Mückenschar im Seewind hinter uns. Die Mücken sind aber auch die einzige Einschränkung, die das Vergnügen trüben könnte. Es ist eine Tour wie aus dem Reisemagazin und zwar in Hochglanz! Grüner Wald, hellgrünes Schilfgras, was sich im Wind wiegt, hellblauer Himmel und tiefblauer See. Als auf den letzten Kilometern doch noch ordentlicher Wind die Wellen hochspritzen lässt, kann uns das nicht beeindrucken. Stolz und absolut glücklich landen wir am Ufer des Bowron Lakes. Beates Fazit heißt: Patient geheilt. Sie schreibt ins Tagebuch: »Ich kann paddeln. Ich kann outdoor unterwegs sein. Ich kann auf einer Isomatte im Zelt gut schlafen. Ich kann in kalten Seen schwimmen. Ich kann diese Zeit als großen Gewinn betrachten. DANKE.« Man kann es kaum treffender sagen, wir haben Aufwind!

Nuggets sammeln

Ende Juni sind wir zurück am Sheridan Lake, auf der Ranch bei Ken und Jody. Unsere Zeit füllt sich mit Einladungen. Viele Menschen, die wir in diesen Monaten kennen und schätzen gelernt haben, wollen uns noch einmal sehen, bevor wir in einem guten Monat Kanada verlassen. Wir reiten auf der Red Willow Ranch, frühstücken bei Elke und Stefan auf der inzwischen fertiggestellten Terrasse und dürfen auf ihrer Double Hill Guest Ranch eines der nagelneuen stilvollen Gästezimmer einweihen. Überall wünscht man uns einen gelingenden Wiedereinstieg in Deutschland und vor allem, dass wir die kanadische Mentalität des »easy going« und des entspannten »ja, klar« für uns bewahren können. Das ist ein guter, ein sinnvoller Wunsch, denn wir wissen, dass unsere Ideen dem »ja, aber« begegnen werden. Deshalb gilt unser Augenmerk in diesen letzten Wochen besonders den Menschen, die es geschafft haben, einen Lebenstraum tatsächlich zu leben. Von deren Erfahrungen wollen wir lernen.

Da ist zum Beispiel eine kanadische Familie, die ihre Vision vom hautnahen Leben mit Mustangs wahr gemacht hat. Von Vancouver Island, wo es ihnen zu eng wurde, zogen sie mit Kind, Hunden und sechs Pferden auf eine abgelegene Ranch mitten im Cariboo. Hier leben sie ohne Strom und fließendes Wasser in einem selbst gebauten Holzhaus. Bei ihnen sind wir eingeladen. Man hatte uns gewarnt, die Fahrt zur Ranch sei ziemlich rau – drei Kilometer *Gravelroad*, also Schotterpiste, ab dem Ranchtor. Allerdings hatte niemand erwähnt, dass man ein Amphibienfahrzeug für diese Zufahrt braucht. Ein riesiger Schlammsee versperrt die Zufahrt. Also *4WD* rein und gaaanz langsam weiterfahren. Stolz, allerdings ziemlich durchgerüttelt kommen wir schließlich vor einigen Holzhütten zum Stehen. Es ist absolut still, als wir aus dem Auto steigen. Das Haus entpuppt sich als ein wirkliches Kunstwerk. Wir haben eine ähnlich rustikale *Cabin* erwartet wie das Blockhaus am Sheridan Lake, das wir zur Zeit bewohnen, doch diese Holzhütte ähnelt eher einem Hausboot auf festem Grund. Von jedem der vielen bodentiefen Glasfenster hat man einen Blick zu den Pferden. Auf kleinstem Raum besitzt dieses Zuhause alles, was man sich nur wünschen kann. Es ist nach Plänen der Rancherin von ihrem begabten Mann sehr individuell selbst gebaut worden. Urige

Holzfußböden, lauschige Sessel mit Fellen und einem Blick über kilometerweite Wildnis. Es ist der Lieblingsplatz der Hausherrin, an dem sie morgens ihren Cappuccino trinkt. Darüber hinaus gibt es eine gemütliche Essecke, die Spielebene für die kleine Tochter und Terrakottafließen im Küchenbereich. Erst auf den zweiten Blick registrieren wir, dass der Kühlschrank propangasbetrieben, die Toilette ein *Outhouse* (Plumpsklo) im Hof und der Holzherd Koch- und Heizquelle in einem ist. Die originelle Badewanne steht unter einem Glasdach vor dem Haus und Wasser wird aus dem nahe gelegenen Fluss heraufgepumpt. Hier kann man beim Baden die Sterne zählen und die Elche beim Grasen beobachten. Unglaublich, wie man im 21. Jahrhundert auch ohne Strom- oder Wasserleitung fast normal leben kann. Solarzellen machen manches möglich und eine Antenne auf dem Dach verstärkt den Empfang so, dass das Handy auf einer speziellen Station als Telefon nutzbar ist. Neben aller Individualität braucht man dafür allerdings auch den Mut, seinen Traum umzusetzen. Als das Ehepaar sein Haus auf Vancouver Island dafür aufgab und während der Bauphase zuerst im Tipi lebte, schüttelten viele nur den Kopf.»Du musst das leben, dort wohnen, die Kleidung tragen, die dich stark und zuversichtlich macht!«, sagt die Rancherin und wir merken ihr die Kraft an, die aus einer solch gelebten Überzeugung entsteht. Bezogen auf unsere berufliche Zukunft haben die beiden nur einen Rat: Pfeif auf Zertifikate und Doktortitel, um deine Kunden zu beeindrucken. Was zählt sind Qualität und Leidenschaft. Willst du ein Handwerker sein, dann greif dir den Hammer und leg los! In so einer Umgebung ist das leichter gesagt als in Deutschland, wo man für alles eine Genehmigung und immer umfangreichere Abschlüsse benötigt. Doch der Satz krallt sich in unseren Köpfen fest: Tu, was du gut kannst. Tu's einfach.

Wir sammeln solche Geschichten. Sie sind für uns wie Nuggets, Gold des Lebens, was uns in diesem Auszeitjahr reich macht. Deshalb nehmen wir auch acht Stunden Fahrt in Kauf, um Ingolf und Elke, die einzigen Anwohner am nördlichen Williston Lake, zu besuchen. Hinter Prince George lässt der Verkehr Richtung Alaska deutlich nach. Wir haben die Hauptroute verlassen und die Luft riecht nach Norden. Gelegentlich kreuzt ein Rancher auf seinem vierrädrigen Quad die Straße, taucht ein einsames Wohnmobil am Wegrand auf. Dann passieren wir Mackenzie, den letzten bewohnten Ort auf unserer Strecke ins nördliche British Columbia. Auf die Frage, was wir denn mitbringen könnten, wenn wir schon aus der Zivilisation ins Nirgendwo fahren, hat Elke geantwortet: »Bringt zwanzig Liter Benzin, Bananen und zwei Becher Schlagsahne mit. Alles andere haben wir selbst.« Faszinierend! Uns wären ganz andere Dinge eingefallen. Wir sind wirklich gespannt, was da auf uns zukommt. Also kaufen wir an der letzten Tankstelle nicht nur Benzin für unser Auto, sondern einen großen zusätzlichen Kanister, der randvoll gefüllt wird. Wir brauchen auch keine Bettwäsche oder Schlafsäcke mitzubringen, sondern sollen lieber an eine funktionsfähige Motorsäge denken. Es könnten schon mal Bäume über dem Fahrweg liegen. Bei achtzig Kilometer Zufahrtsweg kann kein Anwohner wissen, welche aktuelle Beschaffenheit die Schotterstraße gerade hat. Wir haben Glück, dass die Folgen eines Unwetters vor einer Woche zum größten Teil bereits beräumt sind. Querliegende Bäume sind schon zur Seite geschoben. Lediglich tiefe, ausgewaschene Stellen zeugen noch von den sturzflutähnlichen Regenfällen im Norden. Langsam und bedacht rumpeln wir unserem Ziel entgegen. Endlich ist eine Schranke zu sehen, deren großes Schloss nicht eingehangen ist. Ingolf hat es für uns offen gelassen. Zwei Kilometer weiter taucht ein hübsches Blockbohlenhaus im sonnigen Abendlicht auf. Wir sind da!

Elke und Ingolf freuen sich richtig über den Besuch und vor allem über Nora, die sie in den nächsten Tagen wie ein Enkelkind unter ihre Fittiche nehmen. Aruna läuft schnüffelnd ums Haus und gleich darauf hinunter zum Seeufer. Wir laufen ihr nach und stehen staunend vor einem herrlichen Panorama. Vor uns liegt glitzernd ein See, der ganz am Horizont von hohen Bergen gesäumt wird und sich dann in der

Weite verliert. Nirgends im gesamten Umkreis kann man irgendein Zeichen der Zivilisation erkennen. Kein einziges Boot schaukelt auf dem klaren Wasser. Weder Häuser noch Antennen, keine Hochspannungsmasten, ja nicht einmal ein Kondensstreifen am Himmel lässt auf andere Menschen schließen. Der See ist 251 Kilometer lang und bis zu 155 Kilometer breit. Das sind Ausmaße, die wir uns kaum vorstellen können. Aber der Blick ist umwerfend. Also lassen wir uns in den noch warmen Sand am Ufer fallen und genießen Elkes Begrüßungskaffee, während Nora begeistert das Treibholz am Ufer für ihre stets vorhandenen Bastelideen absucht. Es gibt so viel zu erzählen, zu fragen und sich erst einmal näher kennenzulernen, doch in den ersten Minuten herrscht einfach Schweigen. Zu eindrücklich ist diese Landschaft. Nach dem Abendessen, dessen Zutaten zum großen Teil im Garten angebaut, im Ofen gebacken oder eingekocht wurden, geht es noch einmal hinunter an den Strand. Der Himmel bietet einen Farbenzauber zwischen glutrot, orangemeliert und zartblau. Ingolfs Feuer flackert und man glaubt es den beiden sofort, dass sie diese Feuer nicht nur für seltene Gäste, sondern einfach für ihr eigenes Glücksgefühl sehr oft entzünden. Bei aller Härte der Arbeit, die hinter dieser Romantik steckt und ein weitgehend autarkes Leben erst ermöglicht, spüren wir, dass Elke und Ingolf ihr Leben feiern – vielleicht nicht täglich, aber doch sehr oft. Als Ingolf Nora schließlich die Sternbilder am klaren Nachthimmel zeigt, ist es schon weit nach Mitternacht. Wir haben es nicht bemerkt, die Helligkeit der Nächte ist überraschend. Zufrieden und erschöpft schlüpfen wir schließlich unter karierte Bettdecken und schlafen dem beginnenden Tag entgegen.

Am nächsten Morgen erzählt Ingolf von Trappern, die ihre Fallen stellen und ab und zu vorbeikommen. Einer von ihnen ist kürzlich gestorben. Zu seiner Beerdigung kamen Menschen aus dem weiten Umkreis zusammen. Fast jeder berichtete von einem Erlebnis mit dem Verstorbenen. Dazwischen gab es immer wieder einen Fingerhut voll Whiskey, bevor die Urne schließlich auf Packpferde geschnallt wurde.

Einige Männer brachten sie entlang der Trapline des Verstorbenen hinauf bis auf 2500 Meter Höhe. Dort oben wurde seine Asche verstreut. Das klingt wie eine Episode aus einem Roman, der vor hundert Jahren spielt, doch nicht wie mitten im 21. Jahrhundert! Faszinierend, welche Welten mitunter aufeinanderprallen.

Alexander Mackenzie, der große Entdecker des 18. Jahrhunderts soll auf der Suche nach einer Passage zum Pazifik 1793 sein Camp hier aufgeschlagen haben. Wir wären nicht überrascht, würde er mit seinen indianischen Begleitern im Kanu um die nächste Ecke biegen. Damals war der Peace River noch ein starker Fluss, inzwischen hat der Mensch eingegriffen und so wurde aus dem angestauten Fluss der Williston Lake. Er gehört zu den zehn größten Stauseen weltweit und ist seit seinem Bau 1968 so in die weitläufige Wildnis eingefügt, dass wir ihn nicht als künstlichen See erkennen. Ingolf hat sein altes Segelboot startklar gemacht und wir sind auf Sir Alexander Mackenzies Spuren unterwegs. Es ist einmalig, auf dem Deck des blau-weißen Holzbootes zu sitzen, die Silhouette der imposanten Berge vor uns und kein Mensch, soweit das Auge reicht. Wir fahren an steil aufragenden Felswänden vorbei. Ingolf erzählt, dies sei der einzige Pass, auf dem man die kanadischen Rocky Mountains mit dem Boot durchqueren kann. An Bord haben wir leckere Verpflegung und natürlich Angeln. Am Wicked Arm, dem Zufluss eines der vielen kleinen Gebirgsflüsse, die sich eiskalt und glasklar in den Peace River stürzen, ankert die Segeljacht. Wir haben Zeit zum Angeln und erkunden die Umgebung. Wenig später beißt eine riesige Lachsforelle an Elkes Angel – der Speiseplan für die nächsten Tage ist geklärt. Als wir am späten Nachmittag zum Haus zurückkommen, wartet dort nicht nur ein kreisender Adler, sondern auch ein junger Elchbulle, der sich jedoch zügig trollt, als wir anlegen. Es hat wohl seinen Grund, dass Ingolf die Gemüsebeete mit tiefen Betonfundamenten und zwei Meter hohen, stabilen Zäunen vor den anderen Bewohnern des Waldes gesichert hat. Wir sehen die eingekochten Schätze der letzten Wochen in Regalen im kühlen Erdkeller unter dem Haus stehen. So ist die kostbare Nahrung mäusesicher aufbewahrt. Die mitgebrachte Schlagsahne hat sich samt Bananen unter Elkes fachkundigen Händen in eine schmackhafte Bananentorte verwandelt. Von Elkes selbstgebackenen Brötchen schwärmen wir heute noch. Es ist unglaublich, wie königlich wir in dieser Wildnis versorgt werden. Kein Wunder, dass auch Bären hier zu den Dauergästen zählen und oft ganz nahe ans Haus kommen. Um keinem der Bären ungesehen vor die Nase zu spazieren, hat Ingolf in jeder Außentür des selbsterbauten Blockhauses ein Fenster eingefügt. Man sieht den Besucher, der vor der Tür steht und überlegt sich, ob man ihm begegnen will oder nicht. Am Haus gibt es ständig etwas zu tun. Die Solaranlage muss funktionieren, der Generator kann zugeschaltet und will gewartet werden. Das neue Gewächshaus ist eine Pracht und wir sind uns sicher, die beiden bewältigen jede Herausforderung, die sich hier in der Wildnis stellt. Von Elke und Ingolf könnten wir noch viel lernen, doch nach vier Tagen wollen wir die Heimreise antreten, denn es ist Rodeo-Saison.

Wenigstens ein Rodeo zu erleben ist ein Muss, wenn man ein Jahr im Cariboo lebt. So sind wir dann Gäste bei der großen *Williams Lake Stampede*. Dieses professionelle Rodeo lockt Touristen und Einheimische im weiten Umkreis an. Wir sitzen auf einer riesigen Besuchertribüne und verfolgen eine sehenswerte Darbietung unterschiedlichster Cowboydisziplinen. Es ist von außen betrachtet ein richtiges Geschäft, ein Rodeo-Business, und wir sehen Fans, die sich um die Autogramme der Rodeo-Queens reißen. Mit sorgfältig manikürten Fingernägeln unterschreiben die hübschen Reiterinnen ihre Karten. Wir sind beeindruckt, richtig begeistert und bewegt sind wir jedoch erst eine Woche später. Kein Werbeplakat lockt Touristen zum *Bridge Lake Rodeo*. Lediglich ein kleines Pappschild am Highway mit der lapidaren Aufschrift »Rodeo« und viele staubbedeckte Pickups und Pferdeanhänger deuten auf eine Veranstaltung hin. Das *Bridge Lake Rodeo* ist noch ein echtes Rodeo, wie es früher einmal war. Hier treffen sich die Cowboys aus der Umgebung, nicht die Profis aus den großen Städten. Hier geht es um Reiterkunst und Handwerkszeug von Menschen, die Kühe treiben und ihr Vieh zusammenhalten müssen. Außerdem gibt es Hausmannskost statt Catering-Service. Uns wurde nicht zu viel versprochen. Wir finden ein Rodeo, wie man es sich nur wünschen kann, und obendrein begegnen wir so vielen Bekannten, dass wir uns richtig heimisch fühlen. Alle haben eine Aufgabe, verkaufen Hamburger am Stand, Bier am Tresen, kümmern sich um Absperrungen, um die Pferde, die Bullen oder die Reiter. Wir schlendern über das Gelände und sind hautnah dabei, als die beängstigend stark aussehenden Bullen in die Boxen getrieben werden. Wir dürfen fotografieren, sehen junge Männer die Schutzkleidung anlegen, um sich für den gefährlichen Ritt auf den Stieren vorzubereiten. Es ist anrührend, die jungen Cowboys und -girls in ihrer Nervosität zu sehen, bevor sie mit schwingendem Lasso gleich hinter einem flüchtenden Kalb herreiten werden. Sie haben viel zu verlieren. Hier geht es nicht um Geld, sondern in erster Linie um die eigene Ehre, die Geschicklichkeit, den Ruf der Ranch. Niemals würden wir unsere Kinder auf so einem buckelnden Tier ihren Gleichgewichtssinn testen lassen. Hier aber fiebern Mütter, Väter und Großeltern mit, wie lange sich die Teens auf dem Jährling halten können, bevor sie herunterfallen. Oben bleiben so lange es geht, gekonnt fallen, schnell aufstehen, lässig zum Ausgang schlendern oder behende dem bockenden Tier ausweichen, das ist es, was hier zählt. Ein tiefes Raunen geht durch das Publikum, als sich ein Stier rasant umdreht und dem Mann zuwendet, der im Staub der Arena liegt. Der Schnelligkeit des »Rodeo-Clowns« ist es zu verdanken, dass sich der Bulle von dem Gefallenen abwendet und ihn als Ziel nimmt. Mit einem beherzten Sprung rettet sich der Clown auf den Zaun. Der Bulle verliert sein Ziel und kann schließlich von berittenen Helfern hinausgedrängt werden. *Bullfighter* oder *rodeo protection athlete* nennt man die Clowns und diese Bezeichnungen sind weitaus zutreffender. Denn was dem Kostüm nach ganz spaßig aussieht, setzt körperliche Höchstleistungen voraus und ist Meisterklasse. Solche Szenen treiben den Puls in die Höhe und garantieren den Zuschauern die Spannung. Doch letztlich sind natürlich alle froh, wenn keine schweren Verletzungen auftreten, sondern lediglich Prellungen und kleinere Blessuren zu verarzten sind.

Wir treffen an diesem sommerlichen Rodeo-Sonntag in Bridge Lake viele Männer, deren silberne oder kupferfarbene große Gürtelschnalle in der Sonne blinkt. Mann trägt sie stolz vor dem Bauch, denn diese Schnallen sind eine Art Statussymbol, Auszeichnung und Beleg erfolgreicher Rodeowettkämpfe. Es wird gemunkelt, dass beim abendlichen Cowboytanz in der baufälligen, kleinen Community hall nicht nur manche Liebschaft begann, sondern dass es auch immer wieder zu ordentlichen Prügeleien kommt. Das Klischee vom wilden Westen stimmt vielleicht doch? Wir bleiben nicht bis in die Abendstunden, unser Kopf schwirrt auch so von den vielen Eindrücken. Gegen Ende des Sabbaticals kommt bei uns so etwas wie eine Erlebnis-Rushhour auf, das müssen wir selbstkritisch zugeben. Es sind so viele Möglichkeiten, Einladungen, offene Türen, die wir uns nicht entgehen lassen wollen. Die Unterschiedlichkeit der Lebensmodelle, die Leidenschaft, die Menschen für ihr Lebensziel oder Hobby aufwenden, der Glaube und die inneren Überzeugungen, die sie ermutigen – das alles sind Puzzleteile, die unser Lernjahr vervollständigen. Es sind keine spektakulären Goldklumpen, aber viele kleine, wertvolle Nuggets, die wir durch unsere Erfahrungen sammeln.

Gipfelsturm

Olaf nutzt inzwischen jede Möglichkeit und jeden Bergtrail, um sich fit zu machen. Er hat die vierte von fünf Etappen des *Death Race*, nach Aussage der Veranstalter das härteste Ausdauerrennen in Kanada, übernommen. *Death Race* ist ein Name, der Extremsportler anlockt. Olaf sieht sich eher als Ausdauer- denn als Extremsportler und wir hoffen, der Name ist mehr Publicity als Programm. Josey, die Tochter unserer Freunde Ken und Jody, gab den Anstoß zu diesem sportlichen Höhepunkt der Reise. Ihr Traum ist es schon lange, am *Death Race* teil zu nehmen, nur fehlten bisher die geeigneten Teammitglieder. Theoretisch kann man die 125 Kilometer auch als Einzelläufer bewältigen, doch bei dieser Distanz und insgesamt 5200 Höhenmetern ist das eine Herausforderung, die den Namen Ultramarathon verdient. Deshalb ist die Chance auf erfolgreiche Bewältigung des Rennens im Team wesentlich größer. Die fünf Etappen sind recht unterschiedlich. Mal geht es durch den Fluss und sumpfige Kilometer sind zu überwinden. Eine andere Etappe wird bei Nacht im steinigen Gelände gelaufen. Auch Wald und hochalpine Streckenabschnitte sind dabei. Olafs Part ist mit 38 Kilometern die längste Etappe. Außerdem führt sie über den 2200 Meter hohen Mount Hamel. Josey musste nicht lange bitten, Olaf liebt solche Herausforderungen und das Laufen sowieso. Doch jetzt, wenige Tage vor dem Start, kommen Zweifel auf. Was, wenn die Steigung zu steil und das Training zu kurz war? Welches Equipment ist für diesen speziellen Lauf gut? Momentan liegt auf den Berggipfeln ringsum immer noch Schnee. Welche Schuhe sind angebracht, um geländegängig und dennoch leichtfüßig zu sein? Wie reagiert der Körper unter dieser Belastung auf die Höhenmeter? Olaf schwankt zwischen Vorfreude, Neugier und Sorge. Das Rennen in den nördlichen Rocky Mountains findet am 30. Juli statt. Unser Rückflug ist zehn Tage danach. Es ist für uns alle äußerst wichtig, dass Olaf gesund für den langen Flug und die auf uns wartenden Herausforderungen in Deutschland ist. Deshalb ist es unerlässlich, dass er intensiv trainiert. Wie gut, dass wir auf einer Hochebene auf knapp 1000 Metern leben. So kann er die Reittrails oder Quadspuren zum Laufen nutzen. Richtige steile Strecken dagegen fehlen ihm ebenso wie das hochalpine Gebiet. Es bleibt eine Unsicherheit, die wir aushalten müssen.

Da das Rennen in Grand Cache, in der Provinz Alberta, knapp 700 Kilometer nordöstlich vom Highway 24 stattfindet, wollen wir uns für die Anfahrt Zeit nehmen. Die anderen Teammitglieder werden erst am Tag vor dem Rennen in Grand Cache sein. Unser Plan ist, diese Tour als krönenden Abschluss unseres Sabbaticals zu zelebrieren. Immerhin kommen wir direkt am Fuß des Mount Robson, dem höchsten Berg der kanadischen Rockies vorbei, queren den Jasper Nationalpark und wollen diese touristischen Highlights auch genießen. Am 22. Juli, dem Tag, an dem wir in das gemietete Wohnmobil steigen, gibt es zwei Besonderheiten, die im Tagebuch festgehalten werden: Das Anti-Mücken-Mittel ist in ganz 100 Mile House ausverkauft und wir haben ein ernst zu nehmendes Angebot für ein neues Zuhause in Deutschland. Das sind die beiden Pole unserer derzeitigen Erlebnisse. Einerseits sind wir noch ganz und gar in Kanada, beschäftigt mit der Vorbereitung auf einen kanadischen Ultramarathon, unterwegs auf dem Highway mit Blick auf endlose Wälder, schneebedeckte Bergmassive und einer englisch plaudernden Nora, die den Beginn der Sommerferien in Kanada aus vollem Herzen genießt. Auf der anderen Seite mehren sich die Fragen von Freunden und Familie nach unseren Plänen für einen Wiedereinstieg in Deutschland. Das Thema beschäftigt uns natürlich auch, nur haben wir bewusst versucht, es flach zu halten. Wir wollten das Sabbatjahr nicht vorzeitig innerlich abbrechen, indem uns die Gedanken an die Rückkehr und die Fragen nach Arbeit, Wohnung, Zuhause aus dem Jetzt reißen. Doch ist klar, dass wir aktiv werden müssen, wollen wir zum Schulbeginn im September wieder in Stuttgart landen. Also haben wir einen kleinen Kreis von Freunden und Bekannten gebeten, eine Wohnungssuchanzeige von uns publik zu machen und für uns mit zu suchen. Glücklicherweise gibt es schon nach wenige Tagen mehrere Hinweise. Dankbar lesen wir das Angebot von Freunden, die uns ihre Souterrain-Wohnung auf unbestimmte Zeit als Schlupfloch anbieten. Auch Noras Schuleinstieg ist bereits geregelt. In Absprache mit dem Rektor hat sie sich entschieden, im Gymnasium in die fünfte Klasse einzusteigen, obwohl sie hier in Kanada schon die fünfte Klasse besucht hat. Ihr ist es wichtig, mit einem richtigen Neustart zu beginnen. Da ihre beste Freundin sich ebenfalls für die fünfte Klasse an der Schule beworben hat, freut sich Nora riesig auf die Aussicht, gemeinsam das neue Schuljahr zu beginnen. Wir verstehen das Auslandsjahr als ein Lebens-Lern-Jahr für unsere Tochter. Sicher könnte sie auch in der sechsten Klasse Anschluss finden, ihr Englisch ist wunderbar. Doch andere, in Deutschland übliche Fächer und vor allem das nötige Französisch sind schwächer ausgeprägt gewesen und würden ein Nachlernen erforderlich machen. Letztlich geht es Nora aber darum, nicht wieder der Quereinsteiger oder Neuankömmling in einer Kindergruppe zu sein, auch wenn sie das in diesem Jahr prima bewältigt hat. Wir sehen ein, dass sie sich so auf einen entspannten Schulwechsel freuen kann.

Jetzt aber schieben wir die Gedanken an das Weitergehen nach Deutschland erst einmal wieder auf die Seite und entdecken die Rockies. Abends noch nehmen wir den Wanderweg hinauf zum Kinney Lake. Es ist der erste Teil des beliebten circa 40 Kilometer langen Berg Lake Trails. Auf diesen sieben Kilometern fühlt man sich dem Küstenregenwald vor Whistler erstaunlich nahe. Mächtiger grüner Dschungel, der sich rechts und links des Weges erstreckt, dazwischen der rauschende Wildbach und immer mal wieder eine Sichtlücke hinauf zu den Felsformationen des Robson Massives. Wir sind gegenläufig zum Touristenstrom unterwegs und haben den Kinney Lake, einen milchig hellblauen Gletschersee als abendlichen Picknickplatz nahezu für uns allein. Gegen den Strom der Zeit unterwegs sein, so könnte man auch das Ziel des Sabbatjahres gut beschreiben. Wir wollten uns in dieser Zeit keinem Diktat von außen beugen. Haben Freiheit im Denken, in der Zeiteinteilung, in unseren Plänen gesucht. Dass dies tatsächlich oft gelungen ist, empfinden wir als das größte Geschenk des Sabbaticals.

Wir wollen Sonnenstrahlen mitnehmen, wo immer es geht. Deshalb lassen wir uns am nächsten Tag relax in die *Adirondack Chairs*

auf einer Wiese in Jasper fallen. Diese robusten Holzstühle sind für uns mittlerweile der Inbegriff von *time off*. Im Winter haben wir sie auf dem zugefrorenen Horselake aufgestellt, um bei frischen Außentemperaturen aus Thermotassen einen warmen Tee zu trinken. Hier sind die Stühle knallrot gestrichen. Sie laden ein, das Leben relaxt zu sehen und Pausen zu gestalten. Eine wortlose Aufforderung, die wir gerne annehmen!

Bevor wir nach Grand Cache weiterfahren, wollen wir noch mit der Seilbahn auf den knapp 2500 Meter hohen Whistler Mountain hoch über Jasper fahren. In der gut gefüllten Bahn gibt es eine Art touristische Führung zu Jasper und eine Lobeshymne auf die technische Meisterleistung der deutschen Mechaniker, die diese Bahn 1964 gebaut haben. »Are there any Germans inside? – Gibt es Deutsche unter uns?«, fragt im Anschluss der Touristenführer. Wir schauen uns neugierig um. Keiner dabei? Und ganz plötzlich freut es uns, den Arm zu heben. Donnernder Applaus in der Bahn für die Nation der Techniker. Wir nehmen ihn stellvertretend, völlig unverdient in Empfang und reichen ihn mit Hochachtung weiter an die Arbeiter, die ihn tatsächlich verdient haben. Diese Bahnfahrt spart uns vier schweißtreibende Stunden Aufstieg. Von der Bergstation aus wollen wir den Weg zum Gipfel in einer guten dreiviertel Stunde gehen. Dass das Wetter in den Bergen schnell umschlagen kann, ist jedem klar. Wir sind ausgerüstet mit Bergstiefeln, winddichten Jacken und langen Wanderhosen. Sollte reichen, meint man. Reicht absolut nicht!

Denn förmlich aus dem Nichts ist eine Wolkenwand über die Nordflanke des Berges heraufgestiegen. In kürzester Zeit ändert sich das Wetter komplett. Eisiger Wind steigert sich zum Sturm, der Regen geht in stechenden Graupel über und der Weg verschwindet im Nebel. Wir schützen Nora mit unseren Körpern, suchen zuerst Schutz hinter einem großen Felsblock, spüren aber, dass wir dieses Wetter hier nicht aussitzen können. »Zurück zur Bergstation, aber rasch«, heißt die Devise. Der Rückweg dauert doppelt so lange. Wir müssen den Weg mühsam anhand der zum Glück vorhandenen Markierung und Steinmännchen suchen. Die Hosen sind längst durchgeweicht und durch den eisigen Wind haben wir das Gefühl, langsam tiefgefrostet zu werden. Völlig ausgekühlt und durchnässt erreichen wir schließlich das Bergrestaurant. Etliche weitere Ausflügler und Wanderer haben sich hierhin gerettet. Die Seilbahn hat längst den Betrieb eingestellt. Wir sind gefangen, zum Glück in einem Haus, das diesem Naturspektakel gewachsen ist und in dem wir jetzt heiße Getränke umsonst bekommen. Es ist eine kleine Entschädigung der Bahnbetreiber, denn wir werden noch weitere zwei Stunden hier oben ausharren müssen. Wenn man in Sicherheit ist und sich nicht mehr den Wetterkapriolen ausgeliefert fühlt, fallen solche Erlebnisse unter die Kategorie »denkwürdige Erinnerung«. Allerdings wissen wir, dass der Mount Hamel, den Olaf in drei Tagen bei seiner Etappe des *Death Race* überqueren muss, noch weiter nördlich in den Rockies liegt und nur unwesentlich niedriger ist als der Whistler Mountain hier in Jasper. Wenn die Läufer dort von so einem Wetter überrascht werden, gibt es keinen heißen Tee. Außerdem läuft kein Trailrunner seine Strecke in Winterjacke und wasserdichten Hosen. Uns schwant, dass die lange Liste der verpflichtenden Ausrüstung – unter anderem Stirnlampe mit extra Batterien und Ersatzglühbirne, Augenschutzbrille (für den Nachtlauf), Handschuhe, Stirnband, wind- und wasserdichte Jacke und vor allem viel Wasser – für die Läufer ihren Sinn hat und vermutlich nur eine minimale Absicherung darstellt. Der Ultramarathon heißt ja auch nicht *Sun Run* wie ein schönes Laufereignis im sonnigen Vancouver. Das überraschende Wetter-Erlebnis an diesem Morgen hat seinen Sinn für uns. Es macht noch einmal deutlich, dass man dem alpinen Wetter mit Umsicht beggnen und Olaf seine Ausrüstung für den Lauf sorgfältig zusammenstellen muss.

Schließlich hat der Sturm ein Einsehen und fällt ebenso plötzlich ab, wie er gekommen ist. Die Seilbahn fährt wieder. Wir können unser unfreiwilliges Gipfeldasein beenden, steigen kurz darauf ins Wohnmobil und fahren in gemächlichem Tempo gen Norden.

Zweihundert Kilometer weiter erwartet uns ein großartiges Rundumpanorama. Grand Cache liegt auf einem Hochplateau, umgeben von Tälern, in denen Flüsse rauschen, und jenseits des Tales ansteigenden Gipfeln. Die hohen Berge scheinen den Ort förmlich einzukreisen, das rotbraun leuchtende, riesige Massiv genau gegenüber ist der berüchtigte Mount Hamel. Ehrfürchtig starren wir hinüber. Am nächsten Morgen wollen wir ihn zu dritt mit Hund erklimmen, allerdings in der leichten Variante von einer Forststraße aus, die uns etliche Kilometer Fußmarsch erspart. Olaf kommt es darauf an, sich mental auf die Strecke einzustellen und wir Frauen wollen wissen, wo sich unser Läufer dann herumtreibt. Doch zunächst heißt es Landnahme! Für die erwarteten tausend Teilnehmer und Besucher soll es mitten im Ort die sogenannte *tent city*, die Zeltstadt geben. Doch drei Tage vor dem Rennen ist von einer Zeltstadt noch nichts zu sehen. Lediglich ein Wegweiser deutet darauf hin, dass sich die riesige Wiese hinter einer Sportanlage noch füllen wird. Es ist schwierig, einen Platz zu suchen, wenn man die völlige Freiheit hat. Uns fehlt die Orientierung oder die Erfahrung voriger Jahre. Wo stellen sich die anderen Wohnmobile auf? Gibt es frei zu haltende Durchfahrtswege? Wo ist es etwas ruhiger? Wir wissen um die vielen Menschen, wollen aber nicht unbedingt neben der Hauptbühne campieren. Etwas ratlos stehen wir auf der mehrere hundert Meter großen Wiese, als ein weiteres Wohnmobil in XXL auf den Platz rollt. Der Fahrer kennt sich aus, war bereits zweimal hier. Er lacht, hier kann man nichts falsch machen. Es sortiert sich, wir sollen uns einfach irgendwo hinstellen. Das sich selbst organisierende System also, hmm. Das sind wir als Deutsche nicht gewohnt, ist doch zu Hause immer alles irgendwie geordnet, organisiert, reglementiert – zumindest bei derartigen Großveranstaltungen.

Schließlich finden wir einen Platz am Rand des Feldes zwischen schattigen Bäumen. Dort steht bereits lustig und einladend ein uralter, orangefarbener VW-Bus mit Aufstelldach. Der Grill vor dem alten Auto ist bereits angeworfen und verlockende Duftwölkchen kräuseln sich in der Luft. Hier neben diesen Hippies (wer sonst könnte so reisen?) fühlen wir uns wohl. Unsere Nachbarn, eine Frau und ihr erwachsener Sohn, kommen aus Colorado/USA und wollen sich ebenso wie wir einige Tage akklimatisieren, bevor der junge Mann am Rennen teil nimmt. Der gemeinsame Abend bei Grillwurst und Sauerkraut wird lustig. Es ist die erste Zeltstadt-Community, die wir aufbauen.

Aufstieg hat immer mit Mühe zu tun, das ist beruflich nicht anders als in der Natur, stellen wir am folgenden Tag fest. Nora hat Mühe mit dem Aufstieg. Wir sind schon drei Stunden bergauf unterwegs. Der Mount Hamel will erobert sein. Zum Glück zieht Aruna unermüdlich an der Leine und Nora bekommt auf diese Weise Laufunterstützung. Wir überwinden Matschlöcher, die das Ausmaß von kleinen Seen haben, dann schmale Pfade durch den Bergwald und schließlich steinige, steile Anstiege. Es gibt eine letzte Rast auf einer alpinen Wiese, bevor wir in den Windkanal des Gipfels treten. Die Wucht wirft Nora fast um und auch wir Erwachsenen haben zu kämpfen, um die letzten dreihundert Meter gut zu schaffen. Das Kind fest an der Hand, retten wir uns in den Abstellraum einer kleinen Beobachtungsstation. Hier ist es zwar nicht gemütlich, aber windstill. Olaf wagt draußen noch einen kurzen Rundumblick, dann ziehen wir uns vorsichtig durch das Geröll in den windgeschützten Wald zurück. Soviel als Vorgeschmack für das *Death Race*. Es wird anspruchsvoll, das ist ersichtlich. Nach sechs Stunden sind wir wieder beim Auto. Wir sind k.o., aber Olaf ist zufrieden. Jetzt hat er eine bessere Vorstellung, was auf die Läufer zukommt.

Zurück in Grand Cache sehen wir, dass sich die *tent city* füllt. Es ist faszinierend, wie die riesigen Wohnmobile, kleinen Trucks, die einfachen Kuppelzelte und Wohnwagen ohne Probleme ihren Stellplatz finden und eine Zeltstadt entsteht. Es geht entspannt, freundlich, lustig zu. Die Läufer sind ein angenehmes Publikum für den Ort. Die meisten Geschäfte haben sich auf den Ultra-Lauf eingestellt. Überall werden große Fahnen mit dem Logo des *Death Race* zum Kauf angeboten. Essen gibt es rund um die Uhr und im Café freies Internet für die Besucher und Sportler. Wir checken das Wetter für den Lauftag übermorgen. Lauter Sonnenstrahlen künden von einem Wetterumschwung. Hurra! Am 29. Juli ähnelt die Stimmung in der Tent City immer mehr einem sportlichen Woodstock-Festival. Läuferbeine wohin man sieht. Dazwischen Kinder, Hunde und Händler, die frisches Obst an ihren Ständen anbieten. Auch in unserer kleinen Kommune wird es lebendiger. Ein großes, werbewirksames Auto vom Rennteam Salomon hat sich zu uns gestellt. Wie wir überrascht herausfinden, ist es der Sponsor unseres netten, freakigen Zeltnachbarn, Rickey. Wir haben also keine Hippies, sondern waschechte Profis als Nachbarn! Der bescheidene Rickey hatte nichts davon erzählt, dass er zum US-Team der Mountain Runner gehört. Jetzt will er Olafs Ausrüstung für den Lauf sehen und dem Neuling mit seinem Knowhow zur Seite stehen. Nichts lieber als das. So erfährt Olaf, dass seine Goretex-Jacke zwar prima zum Wandern, aber viel zu schwer für einen Berglauf ist. Auch das Essen wird bemängelt. Der von Olaf gekaufte Proviant wird aussortiert. Jetzt dürfen die Profis ran und als sei dies selbstverständlich geben sie Olaf von ihren Energieriegeln ab. Rickey hat zwei spezielle Laufjacken, eine davon reicht er dem deutschen *greenhorn* und er empfiehlt Olaf noch, einen speziellen Laufrucksack mit integriertem Wasserbehältnis zu kaufen. Zum Glück gibt es im Servicebereich für die Läufer auch einen Sportausrüster, der uns das Gewünschte gern verkauft. So präpariert, steigt bei Olaf die Zuversicht und bei Beate das Zutrauen. Am Abend kommt der Rest der »Cariboo Runners« nach einer langen Fahrt schließlich in Grand Cache an. Die fünf Läufer ziehen sich zu einer Besprechung zurück, dann folgt die offizielle Laufeinweisung für alle von der Haupttribüne. Es gibt strenge Regeln: nicht von der Strecke abweichen, gut präpariert sein, die Gefahr von Bärenbegegnungen auf der Strecke beachten, keine Hilfe von Außenstehenden während des Laufes annehmen, falls man nicht disqualifiziert werden will und nach spätestens 24 Stunden wieder im Ziel einlaufen. Erfahrungsgemäß wird lediglich ein Drittel der Läufer ins Ziel kommen. Wir hoffen, unsere Cariboo Runners sind dabei. Aber jetzt dürfen wir uns erst einmal stärken beim obligatorischen Spaghetti-Essen für alle.

Am nächsten Morgen wird die ganze Stadt vom Lauffieber erfasst. Beim Start um halb acht sehen wir Rickey in der ersten Reihe. Er wirkt konzentriert, aber nicht nervös. 125 Kilometer liegen vor ihm und er hat schon viele davon in den Beinen, wenn Olaf seine Etappe starten wird. Wann dies ist, werden wir wissen, wenn unsere Läuferin der dritten Etappe ins Zwischenziel kommt. Was die Cariboo Runners praktizieren, ist Team-Arbeit und soll bei aller schweißtreibenden Anstrengung immer noch Fun sein. Bis Olaf startet, vergehen noch etliche Stunden. Gegen 17 Uhr hat das Warten ein Ende, er kann aufbrechen. Wir erwarten ihn frühestens fünf Stunden später an der Wechselstation und hoffen, dass er die steile, steinige Bergstrecke abwärts noch in der Dämmerung, statt in der Dunkelheit laufen kann. Wir winken uns zu und dann ist er auf sich gestellt.

Lockruf des Lebens

Nora und Beate wollen die Zeit bis zu Olafs Rückkehr nicht zwischen Funpark und Fanmeile verbringen. Uns zieht es in die Stille und Weite. Wir wollen Olaf in Gedanken begleiten und spüren, dass dies der abschließende Höhepunkt unseres Familiensabbaticals ist. Danach folgen viele Abschiede und eine Heimreise oder Weiterreise in Etappen. Hier in Grand Cache, mit diesem majestätischen Bergpanorama in der Weite der Rockies können wir noch einmal ganz bei uns sein, den Gewinn dieses Jahres zusammentragen, über Gelungenes staunen, die Schwierigkeiten mit Abstand sehen. Dafür gibt es nur einen möglichen Platz und der ist so genial, als hätte ihn jemand extra für uns angelegt. Wir folgen einem kleinen Hinweisschild und gelangen zu einem weitläufigen Plateau, auf dem ein riesiges steinernes Labyrinth angelegt wurde. Es ist eine Nachbildung des Labyrinthes von Chartres, sorgsam nach altem Muster mit großen Felsbrocken und Steinen im Sand aufgelegt. Der Weg führt in endlos scheinenden Wendungen in eine Mitte, die einer Rose nachgebildet ist – Symbol für die Tiefe, die Mitte, die es zu finden gilt und die zur Kraftquelle wird. Nora kennt das Symbol des Labyrinthes, weil Beate oft davon erzählt hat. Wir staunen, dass es gerade hier zu finden ist, wo keiner ein Labyrinth vermutet hätte. In Klöstern, in alten Kirchen ja, als Anlage in gepflegten Parks, aber hier – förmlich auf dem Aussichtspunkt der Welt? Doch man hätte kaum einen besseren Platz dafür finden können. Schweigend und jede für sich gehen wir die Wendungen des Labyrinthes.

»Make no little plans. They have no magic to stir man's blood and probably they will not come true«, diesen Worten sind wir erstmals vor drei Jahren begegnet. Sie stammen von Daniel Burnham, einem amerikanischen Visionär und Architekten, der zu Beginn des zwanzigsten Jahrhunderts Wolkenkratzer baute und Städte plante, als dies noch einer Utopie gleichkam. Seine Worte hatten uns aufgerüttelt, nicht in den kleinen Plänen des Alltags steckenzubleiben. Also haben wir Pläne gemacht, keine kleinen, sondern große Pläne. Uns wird bewusst, welch langer Weg es war vom Gedanken an eine Veränderung, zur Idee der Auszeit und dem Antrag dafür, von der Kündigung bis hin zu unserem Familiensabbatical. Welche Spanne von Aufregung, Erlebnis, Ärger, Enttäuschung hin zu Neugier, Begeisterung und Freude liegt in dieser Zeit! So viele Leute haben uns kraftvoll, oft mit Kleinigkeiten Mut gemacht. Der Anfang war wirklich schwer. Die Arbeit aufgeben, die Wohnung räumen, nicht zu wissen wo und wie unsere großen Kinder unterkommen, eine Lösung zum Thema Schule für Nora zu finden. Dies alles hat an unseren Kräften gezehrt. Kein

Wunder, dass wir im Jahr vor der Abreise ziemliche Zahnprobleme hatten. Schließlich Kanada und der erschwerte Start mit Noras Fieber, die Hitze im Wohnmobilhinterhof und dann der Durchbruch. Noch können wir das Rauschen des Meeres am Weststrand von Vancouver Island in den Ohren hören. Hier öffnete sich das Tor zum neuen, zum anderen, zum Auszeitleben. Diese wunderbaren ersten Wochen voller Entdeckungen in Whistler, in Barkerville, der erste Grizzly, der Start auf der Mac Kenzie Ranch und Noras Mut zur Schule, sie bleiben uns unvergessen. Während wir die Wendungen des Labyrinthes langsam abschreiten, stehenbleiben, spüren, dass der Weg uns führt, kommen die Erinnerungen in Fülle. Wie oft haben wir in diesem Jahr keine Ahnung gehabt, wie es weitergehen soll! Wir haben nach dem Loslassen Mut und Zuversicht gebraucht. Das Unwohlsein auf der ersten Ranch, der Standortwechsel, endlich ein Blockhaus, dann Noras Anfangsschock nach dem Schulwechsel. Ein absolutes Highlight war die Zeit um Weihnachten, als wir zu fünft zusammen waren. Herrlich das Frühlingserwachen in New York. Dann der seelische Absturz bei der Einreise nach Kanada. Doch gleichzeitig haben wir plötzlich den Halt und das Netzwerk alter und neuer Freunde gespürt. Vertrauen konnte wachsen. Wells wird uns als zauberhafter Ort und Oase in Erinnerung bleiben. Dass *happy spring* von März bis Anfang Juni dauert, hätten wir uns nicht träumen lassen. Traumhaft schön hingegen bleibt das Erlebnis der Natur und Einsamkeit hoch oben am Williston Lake. Wir haben wesentlich mehr Menschen kennengelernt, als wir je gedacht hätten. Wir haben uns tragen lassen und konnten unseren Teil an Inspiration zum Leben für andere auch hier in der Fremde dazugeben. Dieses Jahr hat uns eine neue Weite im persönlichen Glauben und tiefe spirituelle Kraft geschenkt. Unsere Beziehung als Paar ist tiefer, aber auch eigenständiger geworden. Während Beate den Weg nach innen liebt und geht, ist Olaf wie gerade jetzt auf abenteuerlichen Wegen unterwegs und findet dort Herausforderung und innere Stärke. Wir sind selbstbewusster geworden und wissen um die eigene Wirksamkeit.

Wir werden diese Schätze behutsam hüten und achtsam pflegen. Wir konnten sehen, wie wichtig gutes Zuhören, die äußere und innere Stille, die positiven Gedanken sind. Den eigenen Rhythmus von Tun und Lassen zu finden, war ein großer Gewinn. Mach keine kleinen Pläne – dies hat dazu geführt, dass wir heute hier sind, dass wir über eigene Schatten gesprungen sind, dass wir unzählige unserer Träume gelebt haben, dass wir aus dem Rad der Fremdbestimmung ausgestiegen sind und dass Olaf heute diesen gigantischen Lauf wagt. Wir sind angekommen – in der Mitte!

Später stürzen wir uns wieder ins Läufergetümmel und erleben mit, wie der Sieger im Zieleinlauf erwartet wird. Es ist niemand anderes als Rickey, unser Nachbar. Lachend, verschwitzt und mit sich zufrieden kommt er ins Ziel, wird gefeiert und bejubelt. Er ist die 125 Kilometer in einer absoluten Rekordzeit von 12 Stunden und 15 Minuten gelaufen. Als die Rennleitung den Preis ausruft, kommentiert er, er brauche keinen Preis, sein einziger Wunsch sei jetzt ein kühles Bier. Der Preis, ein extra-super Läuferrucksack, wird Rickey parallel zum Bier überreicht. Das Bier behält er, den tollen Rucksack reicht er lächelnd an Nora weiter. Er wird sie daran erinnern, dass man viele Strecken und Hindernisse im Leben schaffen kann, wenn man sich darauf vorbereitet und an seine Fähigkeiten glaubt. Dies jedenfalls hat sie hautnah bei Rickey gesehen. Vier Stunden später fahren wir an die Laufstrecke. Immer wieder ist unser Blick in den letzten Stunden hinüber zum Massiv des Mount Hamel gegangen. Wo wird Olaf jetzt sein? Wie haben die Beine mitgemacht? Hoffentlich ist die Strecke für ihn zu bewältigen. Als es bereits dunkel wird, erreicht er das Etappenziel und schickt unseren letzten Teamläufer in die Spur. Die 38 Kilometer beschreibt er gefühlt wie zwei Marathonstrecken nacheinander. Die Höhenmeter lassen grüßen. Aber dass er diese Strecke in knapp viereinhalb Stunden geschafft hat, überrascht Olaf selbst. Er formuliert es so: »Es lief wie geschmiert. Ich bin förmlich über die Berge geflogen und das Wetter hat perfekt gepasst.« Welch eine Begeisterung,

Erleichterung und Freude. Olaf ist an diesem Abend Sieger! Er ist der Sieger seiner selbst gesteckten Ziele geworden. Übermütig tanzen wir spät in der Nacht am Zieleinlauf, als wir gemeinsam auf den Abschlussläufer des Cariboo Runner Teams warten. Kurz nach zwei Uhr kommt er an, durchweicht vom einsetzenden Regen, aber gesund und glücklich. Die fünf Teammitglieder liegen sich in den Armen. Geschafft! Good Job!

Wir fallen für wenige Stunden in tiefen Schlaf und sind kurz vor Zielschluss gegen sieben Uhr morgens erneut am Zieleinlauf. Hier spielen sich bewegende Szenen ab. Der Moderator auf der Bühne gibt sein Bestes. Er hat volle 24 Stunden durchmoderiert. Wir beobachten einen knapp sechzigjährigen Mann, der von seiner Frau sorgenvoll erwartet wird. Völlig entkräftet, aber selig lächelnd, läuft er ins Ziel. Alle applaudieren. Man sieht, dass hier jemand seinen für andere kaum nachvollziehbaren Traum verwirklicht hat.

Unsere Rückfahrt zum Sheridan Lake unterbrechen wir mit einem Relaxaufenthalt in Miette Springs. Ein Bad in den dortigen heißen Quellen ist genau das Richtige für Olafs übersäuerte Muskeln.

Die letzten fünf Tage am Horselake vergehen wie im Flug. Noch einmal kommen die Freunde der *Housechurch* zusammen. Sie verabschieden uns bei Ken und Jody mit einem wunderschönen Sommerfest, mit Countrymusik und einem Segen, der uns tief berührt. Wir können loslassen – zuerst einmal die vielen Dinge wie Staubsauger, Winterschuhe, zu klein gewordene Kindersachen, Küchenutensilien, Bücher, die Gitarre. Alles wird verschenkt. Wir haben bekommen und es macht Spaß, zu geben. Auch das Auto bleibt hier im Cariboo. Wir haben einen ganz besonderen Zubringer zum Flughafen nach Vancouver gefunden. Kris, der achtzehnjährige Sohn von guten Freunden, mit dem uns viele Erlebnisse in diesem Jahr verbinden, wird uns die sieben Stunden nach Süden fahren. Sein alter, robuster Pickup mit der offenen Ladefläche und den sechs Sitzen im Fond ist genau das Richtige, um sich noch einmal dem kanadischen Feeling hinzugeben. Wir werfen unsere Koffer und Taschen auf die Ladefläche, stellen die Hundebox dazu, bedecken das Gepäck mit einer alten Plane und beschweren alles mit groben Holzklötzen.

Gute Absicherung? Vergiss es, relax, wir sind im Cariboo.

Dann steigen wir ein – Mutter, Vater, Kind, ein Hund und ein echter Cowboy. Es wird Zeit, zu gehen und es ist der richtige Zeitpunkt dafür. Wir haben wie die Maus Frederick Geschichten und Sonnenstrahlen gesammelt.

Jetzt sind wir bereit weiterzuziehen. Wir hören den Lockruf. Diesmal kommt er aus Deutschland, der Heimat, der Zukunft. Es ist ein Lockruf des Lebens.

Thanks

»Wer etwas will, findet Wege und wer etwas nicht will, findet Gründe.«

Wir freuen uns, dass Sie dieses Buch lesen wollten, und wir hoffen, Sie finden Wege, Ihre eigenen Träume zu leben. Wenn Ihnen das Buch gefallen hat, dann erzählen Sie davon. Wenn unsere Gedanken Sie ermutigt und inspiriert haben, dann leben Sie diese auf Ihre Art weiter. Das ist für uns der schönste Dank.

Es gibt eine Fülle von tollen Menschen, die uns Impulse, Unterstützung, die nötigen kritischen Fragen, ein offenes Ohr, vor allem aber den Rückenwind gegeben haben, so ein Wagnis einzugehen und unserem Lockruf ins Sabbatical tatsächlich zu folgen. Ganz besonders wollen wir denen danken, die uns aufgefangen, ermutigt, besucht und getragen haben, als wir den herausfordernden Wiedereinstieg in Deutschland vor uns hatten. Dass wir heute wieder eine tolle berufliche Aufgabe haben, Bücher schreiben können, als Vortragsredner gefragt sind und vor allem dass wir ein neues, lebenswertes Zuhause gefunden haben, empfinden wir als Geschenk.

Danke von ganzem Herzen allen, die dazu beigetragen haben – und fühlt euch eingeschlossen, auch wenn wir euch und Sie nicht namentlich erwähnt haben.

THANKS im Speziellen ...
Unseren Eltern, die verunsichert, sorgend, aber nie gegen unsere Träume waren. Wir wussten, dass wir immer ein Zuhause bei euch haben. Danke an Peter, der uns in Kanada besucht und unser Leben durch seine Kamera betrachtet hat. Thomas und Susanne, die tatkräftig unseren Hausrat übernommen und dem Rest unserer Möbel eine Zwischenheimat gegeben haben. Michi und Marion – ihr wart unser

homeoffice und die ständige Vertretung in Deutschland. Danke für allen Sachverstand und eure herzliche Nähe. Thomas und Karin – ohne die Logistik eurer Autos, ohne die intensiven Gespräche am Feuer, einen guten Tropfen Wein, ohne euer Weihnachtspaket mit Räuchermann, Christstollen und warmen Socken, vor allem aber ohne eure Freundschaft wären wir arm dran. Gisela und Andi, die medizinische Grundausstattung und eure Seelenpflege im Abschiedsloch hat uns so gut getan. Danke, Christiane, dein Überraschungsfest hat vielen Freunden die Gelegenheit zu einem Abschied mit uns gegeben, als wir schon keine Kraft mehr dafür hatten. Patricia, die offene Tür und der gemeinsame Name waren genial für uns und hilfreich für den Briefträger. Nico, Andrea, Otto und Leonie – dank euch wussten wir, dass unsere großen Kinder immer ein Auffangnetz in Stuttgart haben. Dass wir ohne Sorgen wieder ein Dach über dem Kopf hatten, verdanken wir euch, Rose und Eberhard, aber auch Uta und Uli und letztlich Marie und ihren Eltern. Jörg, du warst uns ein Diakon der Tat. Simone, deine Briefe haben Nora Halt gegeben. Matthias, das Zahnarztbesteck haben wir zwar nicht gebraucht, aber es gab uns das gute Gefühl für alle Fälle vorbereitet zu sein. Danke, Bärbel für das Nachsenden des Gepäcks und Gabi für das persönliche Abholen in Vancouver. Annette und Alex, eure Begleitung und das Angebot zum Wohnen haben uns entspannte Sicherheit gegeben. Uta, deine Flugorganisation war prächtig und euer Kofferservice, Katrin und Frank, ebenfalls. Harald, du warst eine Brücke zum Patmos Verlag und Sie, Frau Langenbacher, haben uns als Lektorin gezeigt, dass die Philosophie des Verlages – »Lebe gut und lebe das Gute« – eine gelebte Haltung ist. Wir waren auf einer Wellenlänge und das Miteinander hat das Schreiben zum Vergnügen gemacht. Volko und Sabine, ihr hattet immer die Außensicht und wart doch nah dran. Danke!

And finally tons of hugs and thanks to our Canadian friends. You were unbelievable gorgeous!!!

Sie sind unser Gast
bei einem unserer
öffentlichen Erlebnis-Vorträge
»Lockruf des Lebens«.

Wenn Sie das Buch zum Vortrag
mitbringen, erhalten Sie freien Eintritt
für eine Person.

Bitte lassen Sie diese Seite
am Eingang abstempeln.

Unter **www.lockrufdeslebens.de**
finden Sie Wissenswertes zu Auszeiten,
interessante Weblinks,
weitere Fotos und Vortragstermine.

Mit der Kraft der Wölfe

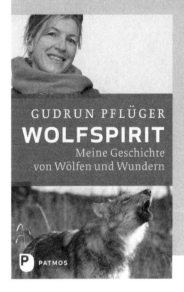

Gudrun Pflüger
Wolfspirit
Meine Geschichte von
Wölfen und Wundern

Format 14 x 22 cm
248 Seiten
mit vielen Fotos
Hardcover mit Schutzumschlag
ISBN 978-3-8436-0141-2

Sie lebt in der kanadischen Wildnis, folgt den Spuren der Küstenwölfe und verbringt einen ganzen Nachmittag inmitten eines wilden Wolfsrudels – eine Sensation. Kurze Zeit später wird bei ihr ein aggressiver Hirntumor – Lebenserwartung eineinhalb Jahre – festgestellt. Die Diagnose ist ein Schock, aber auch eine Herausforderung, die Gudrun Pflüger annimmt. Die Wolfsforscherin und ehemalige Spitzensportlerin nutzt die Eigenschaften des Wolfs – seine Ausdauer und seinen unbändigen Lebens-willen – für ihre Heilung und wird wieder gesund.
Gudrun Pflügers Lebensgeschichte ist mehr als ein Abenteuerbericht. Sie ist ein Zeugnis dafür, wie heilsam die Verbundenheit mit der Natur sein kann.